"十二五"职业教育国家规划教材 修订版
经全国职业教育教材审定委员会审定

职业、就业指导及创业教育

第5版

主　编　席佳颖　储克森　段丽华
副主编　黄继胜　姚晓峰
参　编　袁之健　尤　佳　沐会云
主　审　鲁　伟

机械工业出版社

本书是在"十二五"职业教育国家规划教材《职业、就业指导及创业教育》的基础上修订而成的。修订时注重贯彻党的十八大、十九大、二十大及二十大以来中央会议有关大学生就业、创业政策及"全国职业教育大会"精神，同时融入了"社会主义核心价值观"教育，激励学生自觉把个人的理想追求融入国家和民族的事业中。根据高职高专院校学生的生源情况和现行的就业政策、就业形势，本书分为职业生涯规划、创业教育、就业指导和终身学习四篇，内容包括职业及职业的发展，职业生涯及规划，职业素质养成及专业学习，职业教育及职业技能，创新与创业，社会发展需要创业者，创业者的素质和能力，创业的准备与实践，大学生创业案例，就业的市场意识与竞争意识，大学生就业政策，就业准备，面试礼仪与技巧，就业、立业、成才三部曲，树立终身学习的观念，了解继续教育的途径等。

本书以实用、创新为特色，对学生进行择业、就业、创业的全程指导，具有内容新、实用性和可操作性强等特点，可用作高职高专院校开设的"职业、就业指导和创业教育"课程教材，也可作为从事职业、就业指导及创业教育的工作人员及其他择业人员的培训教材和自学参考书。

本书配有微课视频和精美的电子课件。读者通过扫描书中二维码即可观看视频，登录机械工业出版社教育服务网 www.cmpedu.com 可免费下载电子课件。咨询电话：010-88379375。

图书在版编目（CIP）数据

职业、就业指导及创业教育 / 席佳颖，储克森，段丽华主编. —5版. —北京：机械工业出版社，2022.1（2025.2重印）
"十二五"职业教育国家规划教材
ISBN 978-7-111-70016-6

Ⅰ.①职… Ⅱ.①席… ②储… ③段… Ⅲ.①职业选择–高等职业教育–教材 Ⅳ.①G717.38

中国版本图书馆CIP数据核字（2022）第013292号

机械工业出版社（北京市百万庄大街22号　邮政编码100037）
策划编辑：杨晓昱　　责任编辑：杨晓昱　刘益汛
责任校对：梁　倩　　封面设计：马精明
责任印制：常天培
北京机工印刷厂有限公司印刷
2025年2月第5版第5次印刷
184mm×260mm・12印张・263千字
标准书号：ISBN 978-7-111-70016-6
定价：42.00元

电话服务	网络服务
客服电话：010-88361066	机　工　官　网：www.cmpbook.com
010-88379833	机　工　官　博：weibo.com/cmp1952
010-68326294	金　书　网：www.golden-book.com
封底无防伪标均为盗版	机工教育服务网：www.cmpedu.com

前言
PREFACE

本书是在"十二五"职业教育国家规划教材《职业、就业指导及创业教育》的基础上修订而成的。为使教材内容和结构能更好地符合时代特点及教学目标，修订过程中编写教师走访了与学校合作的企业并与企业人力资源主管沟通，组织近两年高职院校毕业生与顶岗实习学生进行座谈，就本教材的建设了解情况和征求意见。本次修订在内容编排上保持了原书的格局，全书分为绪论，职业及职业的发展，职业生涯及规划，职业素质养成及专业学习，职业教育及职业技能，创新与创业，社会发展需要创业者，创业者的素质和能力，创业的准备与实践，大学生创业案例，就业的市场意识与竞争意识，大学生就业政策，就业准备，面试礼仪与技巧，就业、立业、成才三部曲，树立终身学习的观念，了解继续教育的途径，共17课。

修订时注重贯彻党的十八大、十九大、二十大及二十大以来中央会议有关大学生就业、创业政策及"全国职业教育大会"精神，同时融入了"社会主义核心价值观"教育，激励学生自觉把个人的理想追求融入国家和民族的事业中。

修订时对就业、创业政策和法规文件做了更新和调整，并补充了一些案例和延伸阅读材料，同时增加了近年来高职院校学生就业成才榜样和创业先进典型，使教材更具时代性、新颖性和实用性。

教材由浙江经济职业技术学院席佳颖、安徽扬子职业技术学院储克森、安徽机电职业技术学院段丽华任主编；安徽工商职业技术学院黄继胜、安徽扬子职业技术学院姚晓峰任副主编。参与教材修订的还有浙江经济职业技术学院袁之健、安徽机电职业技术学院尤佳和安徽扬子职业技术学院沐会云。

常州机电职业技术学院研究员鲁伟担任主审。格力电器（芜湖）有限公司人力资源部石琴部长对教材修订提出了有益的建议,在此表示衷心的感谢。

  本书在编写时,参阅了许多同类书籍及网络资料,并吸取了其中的精粹,在本书出版之际,向原作者表示衷心的感谢!

  真诚希望各位同行专家及广大读者在使用本书时,对书中存在的不足和错误,予以批评指正。

编　者

微课视频二维码清单

名称	二维码	名称	二维码
第一课　绪论		第十课　大学生创业案例	
第二课　职业及职业的发展		第十一课　就业的市场意识与竞争意识	
第三课　职业生涯及规划		第十二课　大学生就业政策	
第四课　职业素质养成及专业学习		第十三课　就业准备	
第五课　职业教育与职业技能		第十四课　面试礼仪与技巧	
第六课　创新与创业		第十五课　就业、立业、成才三部曲	
第七课　社会发展需要创业者		第十六课　树立终身学习的观念	
第八课　创业者的素质和能力		第十七课　了解继续教育的途径	
第九课　创业的准备与实践			

目 录 CONTENTS

前言
微课视频二维码清单

第一课 绪 论 ...001
  一、课程的性质和教学目标 ...001
  二、课程开设的意义 ...002
  三、课程的教学内容和教学方法 ...004
  延伸阅读 1 高职（专科）教育的发展与改革 ...005
  延伸阅读 2 大一看就业 ...010
  课堂活动与课后思考一 ...011

职业生涯规划篇

第二课 职业及职业的发展 ...014
  一、职业概述 ...014
  二、职业的产生与演变 ...015
  三、职业发展对高职毕业生择业的影响 ...017
  四、兴趣、性格、能力与职业选择 ...018
  延伸阅读 人社部、市场监管总局、统计局联合发布新职业 ...023
  课堂活动与课后思考二 ...025

第三课 职业生涯及规划 ...030
  一、职业生涯概述 ...030
  二、职业生涯规划 ...031
  三、职业生涯开发 ...037
  四、职业生涯的发展与成功 ...039
  延伸阅读 1 关于"全国大学生职业生涯规划大赛" ...040
  延伸阅读 2 习近平在北京大学师生座谈会上的讲话（节选） ...041
  课堂活动与课后思考三 ...043

第四课　职业素质养成及专业学习　　　　　　　　　　　...047
一、素质及职业素质　　　　　　　　　　　...047
二、职业素质的构成　　　　　　　　　　　...049
三、努力提高职业素质　　　　　　　　　　　...050
四、职业与专业学习　　　　　　　　　　　...052
五、综合能力的培养　　　　　　　　　　　...053
延伸阅读 1　聘或不聘，综合素质是关键　　　　　　　　　　　...054
延伸阅读 2　树立核心价值观要在勤学上下功夫　　　　　　　　　　　...056
课堂活动与课后思考四　　　　　　　　　　　...057

第五课　职业教育与职业技能　　　　　　　　　　　...058
一、"中国制造"需要技能人才　　　　　　　　　　　...058
二、职业教育与技能人才的培养　　　　　　　　　　　...059
三、职业资格　　　　　　　　　　　...060
四、1+X 证书　　　　　　　　　　　...061
五、特种作业操作证　　　　　　　　　　　...061
六、学历证书和职业资格证书的关系　　　　　　　　　　　...063
延伸阅读 1　全面提高技术技能人才社会地位——三论学习贯彻
　　　　　　习近平总书记职业教育工作重要指示精神　　　　　　　　　　　...064
延伸阅读 2　从维修工到大国工匠！中专学历的他带着一群博士　　　　　　　　　　　...065
课堂活动与课后思考五　　　　　　　　　　　...066

创业教育篇

第六课　创新与创业　　　　　　　　　　　...068
一、创新的基本概念　　　　　　　　　　　...068
二、创新思维与创新技法　　　　　　　　　　　...069
三、增强创新意识、激发创新思维的潜能　　　　　　　　　　　...070
四、为什么要倡导创新　　　　　　　　　　　...073
五、创业者需要培养创新能力　　　　　　　　　　　...075
延伸阅读 1　科技创新战略意义　　　　　　　　　　　...076
延伸阅读 2　立足岗位创新　勇当科技主人　　　　　　　　　　　...077
课堂活动与课后思考六　　　　　　　　　　　...079

第七课　社会发展需要创业者 …080
　　一、产业结构的调整需要创业者 …080
　　二、"互联网+"时代需要创业者 …081
　　三、高校毕业生的创业现状及意义 …082
　　四、大学生创业三部曲 …083
　　五、大学生创业的相关政策 …083
　　延伸阅读 1　国家税务总局　人力资源社会保障部　国务院
　　　　　　　　扶贫办　教育部发文《关于实施支持和促进重点
　　　　　　　　群体创业就业有关税收政策具体操作问题的公告》 …084
　　延伸阅读 2　国务院关于推动创新创业高质量发展打造"双创"
　　　　　　　　升级版的意见（节选） …088
　　课堂活动与课后思考七 …089

第八课　创业者的素质和能力 …090
　　一、创业者的素质要求 …090
　　二、创业者的知识及能力 …091
　　三、创业者素质和能力的培养 …092
　　延伸阅读 1　创业者需具备 8 种素养 …092
　　延伸阅读 2　创意产业 …094
　　课堂活动与课后思考八 …094

第九课　创业的准备与实践 …098
　　一、创业相关知识与准备 …098
　　二、创业方向和形式的选择 …100
　　三、实践创业构想 …103
　　延伸阅读 1　"创青春"全国大学生创业大赛 …105
　　延伸阅读 2　2018 年"创青春"全国大学生创业大赛终审
　　　　　　　　决赛闭幕 …106
　　课堂活动与课后思考九 …107

第十课　大学生创业案例 …108
　　一、创业路上的两朵金花 …108
　　二、青川"山大王"女孩开网店年销售千万 …110

三、从打工仔到公司执行董事 ...111
  延伸阅读1　创业要善于从小处着手 ...112
  延伸阅读2　创业小项目，看看哪个适合你 ...112
 课堂活动与课后思考十 ...115

就业指导篇

第十一课　就业的市场意识与竞争意识 ...118
一、市场就业体制与就业方针 ...118
二、增强市场就业意识 ...119
三、双向选择与竞争就业 ...120
  延伸阅读1　这类人才是"银领" ...121
  延伸阅读2　大学生去基层就业大有可为 ...122
 课堂活动与课后思考十一 ...123

第十二课　大学生就业政策 ...124
一、市场经济体制下的毕业生就业制度 ...124
二、高校毕业生就业的现行政策及规定 ...125
三、人事代理制度 ...127
  延伸阅读　教育部关于做好2022届全国普通高校毕业生就业创业工作的通知 ...128
 课堂活动与课后思考十二 ...132

第十三课　就业准备 ...133
一、就业心理准备 ...133
二、就业材料准备 ...134
三、就业信息的搜集 ...140
  延伸阅读　坚韧不拔的求职者 ...140
 课堂活动与课后思考十三 ...141

第十四课　面试礼仪与技巧 ...142
一、面谈、面试准备 ...142
二、面谈、面试礼仪 ...143
三、面谈、面试技巧 ...144

四、外企面试 ...145
　　五、笔试 ...145
　延伸阅读 成功面试的启示 ...146
　课堂活动与课后思考十四 ...148

第十五课　就业、立业、成才三部曲 ...152
　　一、就业——树立良好的第一印象 ...152
　　二、立业——适应企业文化 ...154
　　三、爱岗敬业、岗位成才 ...156
　延伸阅读 1 毕业五年决定你的一生，送给即将走出校园和
　　　　　　　正在打拼的你 ...160
　延伸阅读 2 顶岗实习的要求 ...161
　课堂活动与课后思考十五 ...162

第十六课　树立终身学习的观念 ...163
　　一、学习型社会的形成 ...163
　　二、终身学习与职业人生 ...166
　延伸阅读 1 学习是生存的需要，也是发展的需要 ...166
　延伸阅读 2 激励匠人匠心　支撑制造强国 ...167
　课堂活动与课后思考十六 ...168

第十七课　了解继续教育的途径 ...169
　　一、继续学习与学历提高 ...169
　　二、取得高一级学历的主要途径 ...170
　延伸阅读 1 "2019 终身学习与未来人才国际会议"新闻发布会
　　　　　　　在清华大学举行 ...172
　延伸阅读 2 奋力构建高质量职业教育体系——二论学习贯彻
　　　　　　　习近平总书记职业教育工作重要指示精神 ...173
　课堂活动与课后思考十七 ...175

　　附录　毕业生就业协议书范本 ...176
　　参考文献 ...179

第一课　绪　论

 一、课程的性质和教学目标

1. 课程的性质

职业、就业指导与创业教育课是为适应社会主义市场经济体制和当前大学生就业形势而开设的一门公共必修课。本课程既强调职业在人生发展中的重要地位，又关注学生的全面发展和终身发展。通过激发职业生涯自主意识，树立正确的就业观，本课程能促使大学生理性地规划自身未来的发展，并努力在学习过程中自觉地提高就业能力和职业管理能力。本课程是高等学校思想政治和素质教育的重要组成部分，是一门具有较强的针对性和实践性的课程。

2. 课程的教学目标

通过本课程的学习，大学生应在态度、知识和技能三个层面达到以下目标：

（1）**态度层面**　通过本课程的学习，大学生应当培养个人发展职业生涯的自主意识，树立积极正确的人生观、价值观和就业观，把个人发展和国家需要、社会发展相结合，确立职业的概念和意识，愿意为个人的职业生涯发展和社会发展主动付出积极的努力。

（2）**知识层面**　通过本课程的学习，大学生应当基本了解职业发展阶段的特点；较为清晰地认识自己的特点、职业的特性以及社会环境；了解就业形势与政策法规；掌握基本的劳动力市场信息、相关的职业分类知识以及创业的基本知识。

（3）**技能层面**　通过本课程的学习，大学生应当掌握自我探索技能、信息搜集与管理技能、职业生涯决策技能、求职技能等，还应该通过课程的实训提高自己的各种通用技能，如沟通技能、问题解决技能、自我管理技能、人际交往技能，以及增强创业意识和创新能力。

二、课程开设的意义

1. 有利于激发大学生关注自身的职业发展及明确职业生涯规划的重要性

一个人的过去并不重要，关键是迈向下一步的方向。人生在世，谁都想成就一番事业。然而，并非人人都能如愿以偿。如何才能使事业获得成功？职业生涯规划可以为大学生提供事业成功的理念、技巧与方法。

当今是变革的时代，处处充满着激烈的竞争，想要在竞争中脱颖而出，并有明显的优势，那么确立明确的奋斗目标，并不懈努力，是势在必行的。尤其对在校的大学生而言，必须尽早做好自己的规划，关注自身的职业发展，将来才能适应社会的发展和要求。

随着生活水平和教育程度的提高，人们的自我意识逐渐增强。年轻人更希望在拥有健康、知识、工作能力和良好的人际关系的同时，在事业上也有所成就，并享有幸福和谐的家庭生活和丰富多彩的业余时光。职业生涯规划让人获得职业生涯成功的同时，也促进了人的全面发展。

2. 有利于大学生认清当前的就业形势

当前，中国经济整体处于调整周期中，经济发展速度的放缓和结构的调整，客观上会对劳动者就业结构产生影响，同时也对就业总体规模产生挤压效应。尤其是传统支柱产业改革重组加快、淘汰落后产能，部分行业持续低迷及产能过剩将造成结构性失业和转型性失业，劳动者就业难度加大。

为深入学习贯彻习近平总书记在党的十九届六中全会上的重要讲话精神和会议精神，落实党中央、国务院决策部署，11月19日，教育部、人力资源社会保障部召开2022届全国普通高校毕业生就业创业工作网络视频会议，进一步统一思想认识，分析研判形势，对2022届全国普通高校毕业生就业创业工作进行动员部署。

会议指出，在党中央、国务院坚强领导下，在各地教育部门、人社部门和有关部门以及高校和社会各界的共同努力下，2021届高校毕业生就业进展好于预期，毕业去向落实情况总体稳定。2022届高校毕业生规模预计1076万人，同比增加167万人。各地各高校要学习好贯彻好习近平总书记在党的十九届六中全会上的重要讲话精神和全会精神，深入学习领会习近平总书记关于高校毕业生就业创业的重要指示批示精神，从讲政治的高度、保民生的角度、促发展的要求、办教育的使命，充分认识做好高校毕业生就业工作的重要意义，努力开创高校毕业生就业工作新局面，以优异成绩迎接党的二十大胜利召开。

会议强调，各地各高校要坚决把中央决策部署落到实处，提前谋划、及早部署、形成合力。要拓宽市场化就业渠道，鼓励中小企业更多吸纳高校毕业生，引导支持灵活就业，大力支持创新创业。要开拓政策性岗位，配合做好机关、事业单位和国有企业招聘工作，组织实施好基层项目，加大基层社区岗位开发，着力稳住政策性岗位和市场性岗位的"基本盘"。要推动公共就业服务进校园，强化校内岗位信息、各类资源、政策宣讲等就业服务供给，为毕业生提供不断线和优质便捷的就业服务。要加强就业指导，做好职业生涯教育和就业实习实践，开展就业育人主题教育，引导毕业生到国家需要的地方建功立业。要加强重点群体帮扶，启动实施"中央专项彩票公益金宏志助航计划"，按照"一人一档""一人一策"要求帮扶就业困难毕业生，做好高职百万扩招毕业生就业服务。要压实工作责任，落实"一把手"工程，建强工作队伍，加强宣传引导，确保中央决策部署落实到位。

近年来，一系列促进高校毕业生就业的新政策、新举措集中出台，就业指导服务迈上新台阶，引导毕业生到基层就业和自主创业工作取得新进展。

就业难除了外部因素外，大学毕业生自身也存在不少问题。首先是诚信问题。由于相关的技能（职业资格）证书能为求职应聘带来方便，大学生都很重视技能证书的获得。但是也有少数大学生通过投机取巧或弄虚作假来骗取企业的初步信任。这种名不副实的行为客观上对大学毕业生的整体形象造成了一定的损害。其次，招生规模不断扩大，教学资源相对不足，加上部分大学生在大学期间学习不努力，基础知识不扎实，动手能力不强，缺乏实践经验等，这些都直接或间接地影响着大学生的整体素质。再次，大学生自身定位有偏差。大学生都希望到机关事业单位或大、中型企业工作，找收入高、待遇好的单位。由于我国不同地区经济发展的不平衡性，东西部地区之间、沿海地区和内地之间的经济发展差距较大，大学毕业生选择就业区域时，过于集中在大、中城市和经济发达地区，使得这些地区的就业压力加大。同时，部分大学生眼高手低，"高不成，低不就"，作风浮躁，心态不稳，这山看着那山高，心理定位不准，这也严重影响了就业（图1-1和图1-2是"窗外"与"窗内"的对比）。

图1-1 "窗外"（招聘会现场）

图1-2 "窗内"（课堂）

造成大学生就业难题的原因是多方面的,解决大学生就业难题,需要用人单位、大学生、高等院校、政府部门及社会的共同努力。但是,归根结底,大学生自身才是主要原因。因此,要加强高等院校大学生职业发展与就业指导教育,激发大学生职业生涯规划的自主意识,促使大学生树立正确的就业观,理性地规划自身未来的发展,并在学习过程中自觉地提高就业能力和职业生涯管理能力。

虽然当前大学生就业还面临着不少困难,有些困难可能还需要较长的时间才能解决,但是,从国家社会经济发展的总趋势来看,大学生就业的前景总体上是乐观的。

伴随着我国经济结构的调整和全球经济竞争的日益激烈,产业结构升级成为必然趋势,对技术技能型人才的需求有很大的空间。

3. 有利于大学生提高求职技能并有效地管理求职过程

求职就业是每个大学生都必须亲历亲为的选择活动与过程,不仅受到国家法规与就业政策的约束,而且必须遵循一定的原则和程序。每一名大学毕业生都希望能够找到一份理想的工作,然而求职择业仅有良好的愿望是不够的,满意的工作不会主动送上门来,这就需要毕业生不仅要了解就业形势,还要熟悉就业程序,并积极做好各种准备,顺利地完成就业过程中的各个环节,最终成功就业。

4. 有利于大学生培养创新创业意识与创业精神

当今社会对人才的需求日益多样化。大学生应从不同的角度接触社会,多参与社会实践。创业是大学生接触社会、参与实践、实现人生价值的途径。当然,选择创业的大学生需要学习和掌握创业的基本知识,积极培养创新意识和创业精神,了解国家关于大学毕业生创业的相关政策,明确创业目标,积极做好创业前的各种准备。

三、课程的教学内容和教学方法

1. 教学内容

教材的内容有:职业生涯规划、创业教育、就业指导及终身学习四个方面,共十七课。

(1)职业生涯规划　职业生涯规划篇主要介绍:职业及职业的发展,职业生涯及规划,职业素质养成及专业学习,职业教育与职业技能。

(2)创业教育　创业教育篇主要介绍:创新与创业,社会发展需要创业者,创业者的素质和能力,创业的准备与实践,大学生创业案例。

(3)就业指导　就业指导篇主要介绍:就业的市场意识与竞争意识,大学生就业政策,就业准备,面试礼仪与技巧。

(4)终身学习　终身学习篇主要介绍:就业、立业、成才三部曲,树立终身学习的观念,了解继续教育的途径。

2.教学方法

"职业、就业指导及创业教育"课程的教学应采用灵活多样的方法进行。

（1）**自学与讲课相结合**　在学生自学的基础上做重点讲解。

（2）**专题报告**　邀请专家、学者、企业家做现代企业对毕业生的素质要求、就业形势等报告。

（3）**课堂讨论**　有针对性地开展讨论会，提高学生对职业、就业、创业等问题的认识。

（4）**社会实践活动**　组织学生参观当地人才市场，参加大学生招聘会等。

（5）**情景教学**　组织模拟人才市场，指导学生掌握基本的求职技巧。

（6）**电化教学**　组织学生观看先进人物在工作岗位上艰苦工作、奋发成才的音像资料。

（7）**典型引路**　搜集校友岗位成才及创业成功的范例并向学生介绍，或结合成才典型事例进行讲解，或请校友回校做经验介绍。

延伸阅读 1

高职（专科）教育的发展与改革

一、什么是高等职业教育

所谓高等职业教育（简称高职教育），可用三句话来概括：它是高等教育；它是职业技术教育；它是职业技术教育的高等阶段。

我国高等教育体系包括"两个系列""三个层次"。

两个系列：普通教育、继续教育。

三个层次：研究生教育、本科教育、高职教育。

1.我国教育体系和国际教育标准分类的比较

我国教育体系结构如图1-3所示。

1997年联合国教科文组织颁布了新修订的《国际教育标准分类法》（International Standard Classification of Education，ISCED）。《国际教育标准分类法》将教育分为7个等级（见图1-4）：学前阶段教育为0级，小学阶段教育为1级，初中阶段教育为2级，高中阶段教育为3级，高中阶段与大学阶段之间有一段补习期教育为4级，大学阶段教育为5级，除博士学位外的研究生阶段教育为6级。《国际教育标准分类法》将大学教育（5级）分为学术性为主的教育（5A）和技术性为主的教育（5B），并把学术性为主的教育（5A）描述为："课程在很大程度上是理论性的，目的是为进入高级研究课程和从事工程要求的职业做充分的准备。"而把技术性为主的教育（5B）描述为："课程内容是面向实际的，分具体职业的，主要目的是让学生获得从事某个职业或行业或某类职业或行业所需的实际技能和知识，完成这一级学业的学生一般具备进入劳务市场所需的能力和资格。"

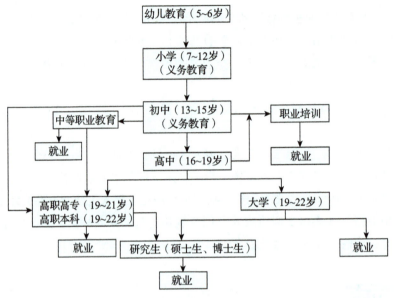

图 1-3 我国教育体系结构

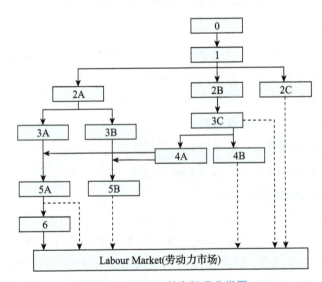

图 1-4 ISCED 教育标准分类图

从《国际教育标准分类法》可以看出，5B 就是我国的高等职业教育，它的发展是世界教育的总趋势，而不是一个国家的现象。《国际教育标准分类法》的颁布，使高等职业教育得到了权威性的确认。

2. 高等职业教育的招生对象和培养目标

目前我国高等职业教育以招收高中毕业生为主，兼招初中毕业（学制五年）和中等职业学校毕业的学生。

高职教育的培养目标：教育部高教〔2000〕2号文件指出，高职高专教育是我国高等教育的重要组成部分，培养拥护党的基本路线，适应生产、建设、管理、服务第一线需要的德、智、体、美等方面全面发展的高等技术应用型专门人才；学生应在具有必备的基础理论知识和专门知识的基础上，重点掌握从事本专业领域实际工作的基本能力和基本技能，具有良好的职业道德和敬业精神。

由此可以看出，高等职业教育是高等教育，是职业教育，是职业教育的高等阶段。而根据联合国教科文组织的有关解释，高等教育阶段的职业教育是以技术为主的教育。

二、为什么要大力发展高等职业教育

1. 经济和社会发展的需要

第三产业的蓬勃发展，产生了一系列新的职业岗位，而社会职业岗位的分布也出现了新趋势。同时，高新技术的广泛应用，催生了不少与其有关的职业岗位，并促使传统的职业岗位发生了既分化又复合的现象。一些职业岗位分得更细、更专业，在技术水平上，也有高低层次之分；一些职业岗位则出现智能结构复合化现象，如技术与技术的复合（机、电的复合），技术与技能的复合（数控设备的使用、维修等）。社会职业岗位的变动及其技术含量和智能水平的提高，促使职业技术教育向高层次延伸，高等职业技术教育因此应运而生。

2. 高等教育深化、改革的需要及广大人民群众接受高等教育的需要

高等教育的发展分为精英教育、大众化教育和普及教育三个阶段，其划分标准是高等教育的毛入学率。毛入学率在15%以下为精英教育，15%以上为大众化教育，50%以上为普及教育。近年来各类高校不断扩招，规模迅速扩大，我国高等教育已迈进大众化教育阶段。2019年高等教育毛入学率达到51.6%。应当注意到，对于我国的高等教育来说，大众化教育不仅意味着教育规模的扩大，而且要求加快高等教育的体制改革、教育结构的调整、教育功能的扩大和教育服务面的拓展。高等教育进入大众化教育阶段以后，社会经济发展和产业结构的调整带来的人才需求的多样化，必然要求人才规模的梯次结构、知识能力素质结构以及培养模式的多样化，因而教育类型的分化是必然趋势；高等教育将面向全体公民和人的一生，不仅要满足社会需求，而且要最大限度地满足个人的需求。

三、当前高等职业教育的发展与改革

1. 近年来高等职业教育发展迅速

近年来，高等职业教育无论是学校总量、在校生规模、招生数量等各方面都有显著的增加。截至2020年底，全国共有普通高校2738所。其中，本科院校1270所（含本科层次职业学校21所）；高职（专科）院校1468所。各种形式的高等教育在学总规模4183万人，高等教育毛入学率54.4%。

近年来，社会对高职的看法有了根本性的变化。它不仅反映在用人单位对高职毕业生的态度上，也反映在高职招生的报到率上，更反映在社会对高职这一类型教育从不了解、不认可到逐步认识、逐步接纳。目前，除了一些行业、机构、团体高度关注高职教育外，更有一些有识之士大力支持高职教育，一些办学特色突出的高职院校正逐步成为新闻媒体的关注点。

2. 以就业为导向，改革与发展高等职业教育

高职院校的发展，除了硬件要满足需要外，离不开招生规模、教学质量和办学特色三个基本方面，但归结到一点，就是毕业生的就业率。

高职教育要以满足社会需要为目标，以就业为导向，一方面，加强政府宏观调控；另一方面，坚持走产学研结合、"订单培养"的发展道路，加强教学基本建设，改革人才培养模式，提高教育质量，增强高职教育对经济建设和社会发展的贡献能力。

3. 构建现代职业教育体系

2014年6月23日至24日，全国职业教育工作会议在北京召开。习近平总书记就加快发展职业教育作出重要指示。习近平总书记指出，要树立正确人才观，培育和践行社会主义核心价值观，着力提高人才培养质量，弘扬劳动光荣、技能宝贵、创造伟大的时代风尚，营造人人皆可成才、人人尽展其才的良好环境，努力培养数以亿计的高素质劳动者和技术技能人才。要牢牢把握服务发展、促进就业的办学方向，深化体制机制改革，创新各层次各类型职业教育模式，坚持产教融合、校企合作，坚持工学结合、知行合一，引导社会各界特别是行业企业积极支持职业教育，努力建设中国特色职业教育体系。要加大对农村地区、民族地区、贫困地区职业教育支持力度，努力让每个人都有人生出彩的机会。

这次会议是改革开放以来国务院召开的第三次全国职业教育工作会议。会议召开前，国务院印发了《关于加快发展现代职业教育的决定》；教育部、国家发展改革委、财政部、人力资源和社会保障部、农业部和国务院扶贫办六部门联合印发《现代职业教育体系建设规划（2014—2020年）》，规划到2015年初步形成现代职业教育体系框架，到2020年基本建成中国特色现代职业教育体系。教育体系基本框架示意图如图1-5所示。

《现代职业教育体系建设规划（2014—2020年）》提出要大力发展职业教育。发展职业教育是推动经济发展、促进就业、改善民生、解决"三农"问题的重要途径，是缓解劳动力供求结构矛盾的关键环节，必须摆在更加突出的位置。职业教育要面向人人、面向社会，着力培养学生的职业道德、职业技能和就业创业能力。到2020年，形成适应经济发展方式转变和产业结构调整要求、体现终身教育理念、中等和高等职业教育协调发展的现代职业教育体系，满足人民群众接受职业教育的需求，满足经济社会对高素质劳动者和技能型人才的需要。

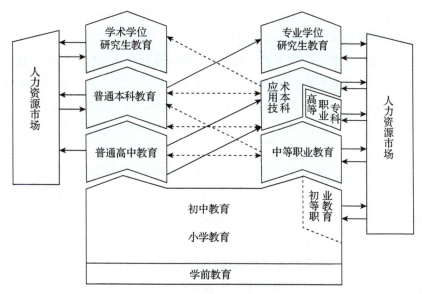

图 1-5　教育体系基本框架示意图

构建类型属性突出的现代职业教育体系。教育部与山东、甘肃、江西共建职业教育创新发展高地；2020 年 6 月，教育部印发《职业院校数字校园规范》；同年 9 月，教育部联合多个部门出台《职业教育提质培优行动计划（2020—2023 年）》；同年 12 月，第一届全国职业技能大赛举行，习近平总书记致信祝贺。围绕现代职业教育体系，学者们进行了深入探讨。

现代职业教育的体系构建必须适应人工智能时代对技术技能人才的需求。有学者认为，新一代人工智能技术的转化和应用对劳动力知识结构提出跨界融合的复合型要求，职业教育须利用新一代人工智能技术实现教育模式智能化、人才培养复合化、学习终身化、产教一体化、治理法治化和发展国际化。还有学者指出，工业 4.0 背景下，职业教育必须实现产教深度融合，提高学生就业创业能力。

夯实中等职业教育基础地位，建立"职业教育高考制度"是构建现代职业教育体系的关键。有学者认为，中等职业教育既是普及高中阶段教育的重要基础，也是建设中国特色职业教育体系的重要基础。职业教育要在保持自己类型特点基础上，不断强化中职基础地位，进一步拓宽中职学生升入高职学校的通道。还有学者指出，"职业教育高考制度"是现代职业教育体系的关键制度，能够促进技术应用型人才培养体系的形成，形成中等职业教育与高等职业教育的衔接，实现普通教育与职业教育的融通。（摘自《中国教育报》2021 年 1 月 7 日）

2021 年 4 月 12 日至 13 日全国职业教育大会在京召开，中共中央总书记、国家主席、中央军委主席习近平对职业教育工作作出重要指示强调，在全面建设社会主义现代化国家新征程中，职业教育前途广阔、大有可为。要坚持党的领导，坚持正确办学方向，坚持立德树人，优化职业教育类型定位，深化产教融合、校企合作，深入推进育人方式、办学模式、管理体制、保障机制改革，稳步发展职业本科教育，建设一批高水平职业院校和专业，推动职普融通，增强职业教育适应性，加快构建现代职业教育体系，培养更多高素质技术技能人才、能工巧匠、大国工匠。各级党委和政府要加大制度创新、政策供给、投入力度，弘扬工匠精神，提高技术技能人才社会地位，为全面建设社会主义现代化国家、实现中华民族伟大复兴的中国梦提供有力人才和技能支撑。

中共中央政治局常委、国务院总理李克强作出批示指出，职业教育是培养技术技能人才、促进就业创业创新、推动中国制造和服务上水平的重要基础。近些年来，各地区各相关部门认真贯彻党中央、国务院决策部署，推动职业教育发展取得显著成绩。要坚持以习近平新时代中国特色社会主义思想为指导，着眼服务国家现代化建设、推动高质量发展，着力推进改革创新，借鉴先进经验，努力建设高水平、高层次的技术技能人才培养体系。要瞄准技术变革和产业优化升级的方向，推进产教融合、校企合作，吸引更多青年接受职业技能教育，促进教育链、人才链与产业链、创新链有效衔接。加强职业学校师资队伍和办学条件建设，优化完善教材和教学方式，探索中国特色学徒制，注重学生工匠精神和精益求精习惯的养成，努力培养数以亿计的高素质技术技能人才，为全面建设社会主义现代化国家提供坚实的支撑。

中共中央政治局委员、国务院副总理孙春兰出席会议并讲话。她指出，要深入贯彻习近平总书记关于职业教育的重要指示，落实李克强总理批示要求，坚持立德树人，优化类型定位，加快构建现代职业教育体系。要一体化设计中职、高职、本科职业教育培养体系，深化"三教"改革，"岗课赛证"综合育人，提升教育质量。要健全多元办学格局，细化产教融合、校企合作政策，探索符合职业教育特点的评价办法。各地各部门要加大保障力度，提高技术技能人才待遇，畅通职业发展通道，增强职业教育认可度和吸引力。

"十四五"期间，现代职业教育体系的发展要以提质培优作为根本目标，从战略层面深入思考和确定职业教育发展路径，加速实现职业教育现代化，为经济转型升级赋能增效。

延伸阅读 2

大一看就业

就业，是一个"刺人"的词语，想到它，原本想逃掉一些自认为无关紧要的课程去玩闹的我们不敢再心安理得地玩闹，而那些枯燥的报告会也要横下心来认真听讲。就业，似乎是一根无形的鞭子，时时刻刻在我们身后挥动着，稍一怠慢，就会被抽上鞭痕。

初入大学校园，一切都是那么新鲜，一切都想尝试，进社团、入学生会，忙得不亦乐乎。同寝室的同学几乎每个人都在学生会的某个部里任职，如学习部、卫生部、体育部、女生部，而我参加了就业服务委员会。当初入会面试时，就业服务委员会是最冷清的，也许大家初进大学更多想要的是丰富多彩的校园活动，然而，我是一个喜欢反其道而行之的人，宁愿早日接触就业，即便心里会有压力，也能对未来多一份了解。

不出所料，参加就业服务委员会后，我接触最多的人，除了招生就业处的老师，就是为实习、就业忙碌的毕业生。我们这些内部人员的责任主要是为毕业生解决疑惑，为学校招生、就业做辅助性工作。看到他们那么多人为一个小小岗位竞争，为各种招聘会奔忙，为一次应聘精心准备简历、学习应聘技巧，我的心里经常产生一些莫名的悲哀，害怕自己的鸿篇巨想成为无谓的空想，害怕重复他们的迷茫庸碌。

既然不希望将来的自己像他们这般迷茫，那行动就从大一开始。借着在就业服务委员会工作的优势，我可以提前知道一些就业方面的政策、学习指导、励志事例、维权方法等，也可以多参与和就业相关的活动。例如，职业生涯规划比赛、"同舟共济话就业"征文、就业指导、面试模拟活动等，只要有时间我都会积极参与。参加此类活动会有很大压力，但我觉得即使现在有压力，但为了未来也是值得的。

2015年刚刚开学，学校举办了毕业生招聘会，我们着实忙活了一阵。为应聘学生和用人单位服务的同时，我们也在观察招聘形势、专业需求及毕业生的求职表现，甚至自己也体验了一把，以应聘者的身份去用人单位咨询。看着人来人往的招聘会，任何人心中都不会没有触动。了解到社会需求，我们更加明确在大学里自己该学什么，该干什么，想想以后的就业形势，我们不会再把时间浪费在所谓的春忧秋愁上，多一点实际，少一点虚幻，做一个真正为自己未来负责任的大学生。

现在，我已踩在了大一的尾巴上，回忆近一年的大学生活，有迷茫时的放纵，也有清醒时的奋斗，然而，平心而论，我无愧于自己。我知道，以现在所知，应未来所需，还是太少太少，需要准备的东西还有很多。

在就业无形的鞭策下，为了一个美好的未来，我将继续奋斗。

课堂活动与课后思考一

1. 开设"职业、就业指导及创业教育"课程有哪些意义？
2. 如何看待我国高等教育，尤其是高等职业技术教育的发展？
3. 什么是高等教育大众化？在高等教育大众化形势下，毕业生就业会出现什么特点？
4. 如何看待当前高校毕业生的就业形势？

职业生涯规划篇

  职业与人的一生密切相关，选择职业就是选择未来和人生。拥有一个理想的职业，能充分发挥自己的才能，成就一番事业，是高职高专（院校）学生所期盼的人生大事。因此，认识社会职业、掌握职业基础知识是职业生涯发展与成功的基础条件。本篇主要介绍职业及职业的发展、职业生涯及规划、职业素质养成及专业学习、职业教育与职业技能，以期对同学们了解职业、准备职业、选择职业、进行职业生涯规划与发展有所帮助。

第二课　职业及职业的发展

 一、职业概述

1. 职业的含义

职业是人们在社会中所从事的作为主要生活来源的工作,通常也称为工作岗位。从国家的角度来看,每一种职业都是一种社会分工;从社会的角度来看,职业是劳动者获得的社会角色,如医生、教师、律师、公务员等;从个人的角度来看,职业则是劳动者"扮演"的社会角色,并为社会承担一定的义务和责任,同时获得相应的收入。

对职业的含义,不同的人、不同的社会有不同的看法和认识。当前从事职业研究的理论工作者们认为,职业是指人们为谋生和发展而从事的相对稳定、有经济收入、特定类别的社会劳动。这种社会劳动决定社会分工,并要求劳动者具备一定的职业素养和专业技能。这种社会劳动是人们的生活方式、经济状况、教育程度、行为模式和道德情操等的综合反映及权利、义务、职责的具体体现。

2. 职业的特性

(1) 职业的多样性和层次性　随着社会的发展,社会分工越来越细,职业种类越来越多。我国早先就有"三百六十行"之说,现代社会职业更是成千上万种。职业除呈现出多样性的特点之外,还呈现出差异性和层次性。例如,工程技术人员有高级工程师、工程师、助理工程师、技术员之分,高校教师有教授、副教授、讲师、助教之分。

（2）职业的专业性和技术性　每一种职业都需要专门的知识和技能、特定的职业道德品质，只有具备了特定的要求，才能胜任相应的职业。例如，从事数控机床加工，要有机械制图、机械原理等方面的知识，具备数控编程与数控机床操作的技能和一丝不苟、精益求精的工作态度。随着科学技术的进步，职业的专业性和技术性要求会越来越高。

（3）职业的连续性和经济性　一般来说，一个人可能在较长时间内持续从事某种职业，并通过职业活动获得较稳定的经济收入。正是因为具有明显的经济性和连续性，职业才与人们的社会活动紧密地联系在一起。

从不同的角度分析，职业除了具有上述特性外，还有社会性、规范性、时代性等特性。

3. 职业的意义

职业在实质上实现了劳动者与生产资料的结合，体现了人与人的社会关系。人们通过某种职业不仅满足了自身的需要，而且通过各自劳动成果的交换，也满足了彼此的需要。因此，职业及职业活动无论对于个人还是社会都有着非常重要的意义。

（1）职业对个人的意义　职业选择是否合适，对人的一生能否顺利发展具有重要的意义。首先，职业活动为人们提供物质生活的基本条件，是人们赖以生存的手段。生产劳动是人类社会发展中最重要的活动，职业是和生产劳动紧密相连的。人们总是通过一定形式的职业来进行劳动，以获取生存和发展所必需的生活资料。人们在职业活动中取得经济利益的同时，也为社会创造了财富，实现社会物质财富和精神财富的积累。因此，职业是经济性和社会性的统一。其次，职业能满足人们的精神需要，促进个性的健康发展。职业是个人获得名誉地位和权利以及友谊、交往等精神需要的重要来源。人们按照一定的社会规范从事一定的职业时，由于每种职业都有各自的活动内容和形式，必然对从业者的生理和心理产生重要影响。当所从事的职业能够使个人的才能得到发挥，个性得到不断发展与完善时，就成为促进个性健康发展的途径。而随着个性的发展、完善和才能的逐步提高，人们自我实现的需要就能得到满足。

（2）职业对社会的意义　职业和职业活动构成了人类的社会生活，它是社会存在和发展的基础。第一，通过职业劳动，生产出社会物质财富和精神财富，构成了社会发展的基础；第二，职业分工及劳动是构成社会经济制度及其运行的主要组成部分；第三，职业的活动和转换推动社会的发展；第四，职业是维持社会稳定、实现安居乐业的基本手段。

二、职业的产生与演变

1. 职业的产生

职业是人类社会生产力发展到一定阶段的产物，是随着社会分工的产生而出现的。原始氏族社会，人们只能采摘果实，外出打猎，从事原始农业。确切地说，当时还没有真正意义上的职业,因为没有固定从事某项专门工作的人群。

随着人类征服自然的能力的提高和社会生产力的逐步发展,人类社会产生了三次社会大分工。第一次有重大意义的社会分工是畜牧业从原始农业中分离出来,因为一部分人开始脱离农业种植劳动,专门从事畜牧劳动;第二次社会分工是工业从农业中分离出来,当时少数人从事手工业劳动,逐渐脱离了农牧业劳动;第三次社会分工是商人和商人阶层的产生。三次社会大分工产生了人类社会最初的职业:农夫、牧人、工匠、商人等。

2. 职业的演变

职业的发展与社会分工密切相关,由于社会分工和科技发展是渐进的,因此,职业的演变也是缓慢的。生产工具的改进、科学技术的进步、生产的社会化使社会分工越来越细、越来越复杂,专业化程度越来越高,职业的种类也越来越多。工业革命使人类进入现代工业社会,机械化、电气化、自动化的实现大大提高了生产力,使经济结构、产业结构、社会结构等发生了巨大变化,人们劳动的专业化程度越来越高,新旧职业更替的速度加快,新的职业如雨后春笋迅速增加。例如,汽车的生产使社会有了汽车制造业、运输业和汽车修理业,同时出现了司机、汽车修理工、汽车工程师等多种职业;相反,马车、人力车逐渐被淘汰,相应的职业也逐渐消失。又如,计算机的研制和激光照排技术的开发成功,使得印刷业中原有的铅字铸造业和排版业消失,取而代之的是文字录入、激光照排等职业。

3. 当代职业发展的趋势

当代职业发展将出现以下几种趋势。

(1)**职业的种类大量增加**　职业产生初期,种类少,发展缓慢。因为传统生产技术相对稳定,一项重要的技术发明在生产上的应用往往会持续相当长的一个时期,所以社会职业也具有相对的稳定性。但随着社会的发展以及科技发展的加快,职业种类增加的速度也逐渐加快,当代新兴行业不断涌现,新的职业也大量出现。技术创新已成为经济发展的决定性因素,在发达国家,生产技术每年淘汰率高达20%,一项新的技术平均寿命只有5年。因此,新旧职业更替的速度加快。

随着经济社会的发展,一批新的职业应运而生,部分职业出现了调整,甚至消亡,我国1999年版《中华人民共和国职业分类大典》已无法全面准确反映当前职业领域的变化。为此,2010年8月由人力资源和社会保障部、国家质检总局和国家统计局牵头对1999年版《中华人民共和国职业分类大典》进行修订。2015年8月颁布了新修订的2015年版《中华人民共和国职业分类大典》(以下简称《大典》)。

2015年版《大典》主要从以下四个方面进行了修改、调整和补充。

第一,对职业分类体系的修订;第二,对职业信息描述内容的修订;第三,对职业信息描述项目的调整;第四,增加绿色职业标识。职业分类工作是一项长期任务。要继续发挥《大典》修订平台的作用，建立职业分类动态更新机制，对《大典》进行及时调整和补充完善。

2015年版《大典》职业分类结构为8个大类、75个中类、434个小类、1481个职业。与1999年版《大典》相比，维持8个大类，增加9个中类和21个小类。经过专家努力，质检行业共24个职业列入《大典》，质检工作重要性进一步凸显。

（2）第三产业职业数量增加　　随着科学技术水平的提高，产业结构的调整，第三产业在国民经济发展中所起的作用越来越大，如金融、商务、传播、物流、卫生、教育、旅游等。第三产业的就业人数不断增加，这是现代社会发展的大趋势。另外，我国加入世界贸易组织和吸引外资对第二产业的制造业起到了积极的推动作用，所以近年来第二产业的用人需求比重呈现上升态势。

（3）职业活动的内容不断弃旧从新　　同样的职业，时代不同，其技术方法、工作手段有着天壤之别。例如，工程设计绘图，过去用图板、丁字尺等，现在用CAD软件；机械加工，以前用普通车床，现在用数控车床。这样的例子非常多。职业演变提高了对从业者素质、技能的要求。

（4）职业将向高科技化、智能化、专业化方向发展　　目前，得到世界各国公认并列入21世纪重点开发的领域有信息技术、航天技术、生物技术、新能源技术、新材料技术、海洋技术等。党的第十八次全国代表大会的报告指出：牢牢把握发展实体经济这一坚实基础，实行更加有利于实体经济发展的政策措施，强化需求导向，推动战略性新兴产业、先进制造业健康发展，加快传统产业转型升级，推动服务业特别是现代服务业发展壮大，合理布局建设基础设施和基础产业。建设下一代信息基础设施，发展现代信息技术产业体系，健全信息安全保障体系，推进信息网络技术广泛运用。近年来，我国兴建了一批高新技术产业开发区，出现了一批高新技术公司，建立了一批外资和中外合资高新技术企业。因而，在加快高新技术发展政策的实施过程中，与此有关的职业将得到较快发展。随着科学技术的发展，职业的专业化和复合化程度越来越高。

（5）职业的流动性增强　　随着社会职业种类的不断增加，职业选择的机会增多，打破了职业的相对稳定性。现代社会职业演化迅速，职业的更新速度不断加快，使得个人一生面临的职业变化也越来越频繁。

三、职业发展对高职毕业生择业的影响

由于生产力的高度发展，社会分工的不断细化，原有的人才结构类型已很难继续适应经济的进一步发展。除了原有的学术型、工程型、技能型人才之外，迫切需要大量的技术型专门人才从事生产、管理第一线的工作，这就增加了高职生的就业机会。

现代职业的更新速度不断加快，要求毕业生转变就业观念，以发展的眼光看待问题，正确看待初次就业，寻找那些有潜力、有发展机会的职业，在工作中丰富自己的知识，提

高工作能力，从而在变化的职业市场中从容不迫，游刃有余。

未来社会职业的知识含量和技术含量将不断增加，对职业劳动者的素质要求也越来越高，这就要求高职生必须拓宽自己的知识面，提高自身素质，成为适应时代需求的复合型人才。

随着世界经济的全球化和一体化以及国际贸易的发展，随之而来的是国际技术和劳务的转移，从而产生了国际型人才的需求。

现代职业的发展变化无疑会对高职毕业生择业产生影响。因此，高职生不论在校学习，还是求职择业，都应结合本人实际，充分考虑职业发展的趋势。

四、兴趣、性格、能力与职业选择

（一）兴趣与职业选择

1. 兴趣在职业活动中的作用

兴趣是一个人积极探索某种事物的认识倾向，是引起和维持注意的一个重要的内部因素。"兴趣是最好的老师"，人们对于感兴趣的事物，总是能愉快地去探究，使学习、研究和工作过程不是一种负担，而是一种身心上的享受。许多研究表明，凡是在事业上有突出贡献的人，都能把他们对工作的兴趣和对事业的责任感有机地结合起来。

兴趣可以使人的智力潜能得到充分发挥。当一个人对某种事物产生兴趣时，就能调动其整个身心的积极性；就能主动地感知、观察事物，深入思考，大胆探索；就能情绪高涨，想象丰富；就能增强记忆效果；并增强克服困难的意志。相反，"牛不饮水强按头"是不会取得好的效果的，也不能充分发挥一个人的聪明才智。

兴趣可以提高人的工作效率。一个人对某项工作有兴趣时，工作起来就会觉得趣味无穷。兴趣可以调动个人的全部精力，从而提高工作效率。多方面的兴趣可以使人善于应付复杂多变的环境。

兴趣是行动的动力。许多成功人士有着惊人的相似之处：对自己感兴趣的事非常执着，一意追求，并全身心投入其中，这是事业成功的有力保证。

要使兴趣真正地成为事业成功的推动力，还必须具有良好的职业兴趣品质。职业兴趣是一个人对自己从事的职业的一种积极态度。职业兴趣品质主要是指：职业兴趣的广度、职业兴趣的中心、职业兴趣的稳定性和职业兴趣的效能。良好的职业兴趣品质对选择职业和适应职业都有重要意义。

2. 职业兴趣的类型及相应的职业

兴趣对人生事业的发展至关重要，所以兴趣是职业选择时应考虑的重要因素之一。国内外有关专家研究的兴趣类型与相应职业见表2-1。

表 2-1 兴趣类型与相应职业

兴趣类型	职业兴趣	相应职业
愿与人接触	对采访、营销、传递信息等一类活动有兴趣	记者、推销员、服务员、教师、行政管理等
愿与事物打交道	喜欢同事物打交道	制图、工程技术、建筑、机器制作、会计、勘测等相关职业
愿从事科学技术事业	对分析、推理、测试活动感兴趣	生物、化学、工程学、物理学、地质学等相关职业
愿做领导和组织工作	喜欢管事情,希望受尊敬、在单位起重要作用	管理干部、学校领导、辅导员、行政人员等
愿做有规律的工作	喜欢常规的、有规则的活动	图书管理、档案管理、邮件分类、文字录入、统计等相关职业
乐意帮助人	喜欢从事社会福利和助人工作	律师、咨询、医生、护士、家政、科技推广等
愿操作机器	对操作机器、制造新产品等有兴趣	驾驶员、飞行员、机械制造师、建筑师、煤炭开采员等
乐意研究人的行为	对人的行为和心理状态感兴趣	心理学、人类学、政治学、人事管理、思想教育研究等相关职业
乐意做抽象的和创造性的工作	对需要想象力和创造力的工作感兴趣	社会调查、经济分析、各类科学研究、化验、新产品开发等相关职业
愿做具体的工作	对很快能看到自己劳动成果的工作感兴趣	室内装饰、园林、美容美发、手工制作、机械维修、厨师等

人的兴趣各不相同,有的人兴趣倾向于情感世界,活跃于人际关系领域,他们广结人缘,善于应酬;有的人对自然科学感兴趣,表现为积极探索未知的世界,善于思考,积极从事小发明、小创造、小革新;有的人对智力操作感兴趣,对写作、演讲、设计之类的事情乐此不疲;有的人则对技能操作感兴趣,对车、钳、刨、铣、摄影、琴棋书画津津有味。正是这种兴趣上的差异构成了人们选择职业的重要依据。

3. 兴趣爱好与专业选择

按照职业生涯规划的基本原则,有兴趣、符合个人爱好是做好职业工作的重要前提。个人在从事符合个人爱好的工作过程中能够产生成就感,这样的职业就是好职业。在职业技术教育中,选择专业与选择职业有很大的同一性。高考填报志愿时,根据自己的爱好、意愿来选择相关专业,在校学习时就会有较强的学习动力。但是,也有许多考生的职业意愿是不明确的,或者只是盲从地追逐热门职业,这对自己的职业发展是不利的。

兴趣往往是可以培养的。有时人们对某个职业或专业不清楚、不了解,或者受其他人的影响,而不感兴趣,但是一旦对专业的发展方向有了深入的了解,或对某种职业在人类社会活动中的作用和意义有了认识和了解之后,就会对该专业或职业产生兴趣。

（二）性格与职业选择

1. 性格的概念

性格是个人对现实的稳定的态度和习惯的行为方式。性格是人在社会活动中与环境相互作用而逐步形成的。性格一经形成就具有一定的稳定性。

职业心理学的研究表明，不同的职业对从业者的性格要求不同。例如，从事医生职业的人应乐于助人，耐心正直，责任心强，冷静自信，稳定性好；从事科学研究的人必须敢于怀疑，有批判精神和创新意识；而创业者应具有敢于冒险、乐观、自信、有雄心、勇于创新等性格。

性格对一个人的成功有着很大的影响。个人从事的职业与其个性相适应，工作起来就会得心应手，心情舒畅，容易取得成功。相反，如果职业与性格不相适应，性格就会阻碍工作的开展。

任何事情都有两面性，如进取心强的人更容易取得成功，但也可能草率行事。一位社会心理学教授告诉他的学生："奋斗通常是指一种强硬的人生态度，主张不屈不挠，能勇往直前。但是在我看来，奋斗包含两个层面——积极斗争和消极适应。适应环境本身就是奋斗的组成部分。只有在此基础上开辟战场去对抗，生活才有胜算的光明。"

虽然人的性格一旦形成，难以改变，但这并不是说只能顺其自然，人们仍可以通过自身努力，发挥自己性格的优势，避免或减少性格劣势对事业的影响。

2. 性格的类型与职业选择

心理学家们根据性格特征与职业选择的关系，把性格分为6种类型，见表2-2。

表2-2　性格特征与职业选择的关系

性格类型	性格特征	相应职业
研究型	善分析、好内省、较慎重、喜欢观察、好奇心强、善于钻研，喜欢从事分析创造性强的职业	科学研究、工程师
艺术型	想象力丰富、有理想、好独创，喜欢从事三维系统的、自由的、需要一定艺术素质的职业	音乐、美术、影视、文学、艺术
社会型	乐于助人、善社交、易合作、重友谊、责任感强，喜欢从事福利或与他人建立和发展各种关系的职业	教育、医疗、律师
企业型	有冒险精神、自信、好算计运筹、爱支配别人，愿从事可直接获得经济效益的职业	经营管理、产品供销、广告、公关
现实型	重视社交、重视实际的物质利益，守规则，安定，希望从事按一定程序进行操作、有一定技巧的职业	机械类、电工技术
常规型	能自我抑制、易顺从、稳定，愿从事较简单、刻板的职业	办事员、库房管理、会计

在日常生活中，人的性格分为内向型和外向型，但是纯粹属于内向型或外向型的人并不多，大多数人是混合型，只是程度有差异。一般说来，外向型性格的人由于对外界事

物关心，因而表现为善于表露自己的情感、乐于与人交往等特点，适合从事能充分发挥自己行动能力、与外界有着广泛接触的职业。内向型性格的人比较适合从事有计划的、稳定的、不需要与人过多交往的职业。

3. 性格与习惯

（1）习惯构成性格　　习惯的内涵很广，一般可以分为良好习惯和不良习惯，也有生活习惯、学习习惯、工作习惯之分。生活、学习、工作习惯之中都有良好和不良之分。生活和学习中良好的习惯有合理的饮食习惯、适时休息的习惯、适量运动的习惯、讲究卫生的习惯、健康娱乐的习惯、预习复习的习惯、按时完成作业的习惯、独立思考的习惯、积极收集资料的习惯等；工作中良好的习惯有吃苦耐劳的习惯、认真负责的习惯、今日事今日毕的习惯、勤于思考创新的习惯等。另外还有几种在生活、学习、工作中都必须具备的良好习惯，如凡事定目标、做计划的习惯；科学利用时间和金钱的习惯；团结协作、乐于助人的习惯；坚持原则、遵纪守法的习惯。生活、学习、工作中的不良习惯在人群中也不少见，如暴饮暴食、抽烟酗酒、不讲卫生、作息无常、贪图享乐、工作学习敷衍拖拉、怕苦怕累、斤斤计较、做事无目的无计划、随波逐流、唯我独尊等。以上种种习惯以不同的组合存在于一个人身上，就构成一个人的性格。

（2）习惯源于思想与行为　　习惯是一再重复的思想与行为所形成的。不良习惯与良好习惯都是这样形成的，如抽烟、喝酒、睡懒觉、做事拖拉、随地吐痰、乱扔垃圾、不讲卫生是如此；凡事按计划进行、今日事今日毕、早晚适时锻炼身体、勤洗澡勤换衣、注意环境卫生，也是如此。因此，一定要高度重视平时的行为规范，不要让不良行为重复而成为习惯。俗话说：学坏容易，学好难。其原因是形成坏习惯的行为是满足某种低等的生理要求而自然发生的，本能成分较多，不需费力。而形成良好习惯的行为，需要人的精神来控制，追求成功的努力，是需要意志和恒心才能做到的。

（3）培养好习惯就是迈向成功　　习惯是一种力量，有时表现得很强大，它能使你成为主宰自己的主人，也能迫使你成为它的奴隶。例如，按时学习的人，其他人或事是不容易动摇他的；长期勤俭节约的人是不会随便乱花钱的；勤洗澡、勤换衣的人几天不见水是很难受的；但社会上也不乏烟酒的奴隶、满口脏话的人，有的也积习难改。习惯力量的大小，主要决定于形成这种习惯的思想深度和行为重复的次数，重复的次数少，力量就小；反之则大。有些不良习惯如果成为心理及生理的依赖，就很难改掉，必须外加强大的力量。因此，要从小形成好的习惯，拒绝不良习惯。

（三）能力与职业选择

1. 能力与职业能力

（1）能力　　能力是直接影响人们工作效率、保证人们顺利完成某种工作所必需的个性心理特征。能力与人的工作密切相关，人的能力在工作学习中形成、发展并且在工作学习中表现出来，如学习能力、交流合作能力、组织能力等。能力的强弱决定工作效率的高

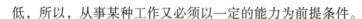

低,所以,从事某种工作又必须以一定的能力为前提条件。

(2)职业能力　职业能力是在学习活动和职业活动中发展起来的,直接影响职业活动的效率,是职业活动得以顺利完成的个性心理特征。职业能力表现在相应的职业活动中。从事同一职业的人,在相同的条件下,如果职业兴趣和职业性格不同,他们的职业能力会有所差异。

2.职业能力分类

(1)一般学习能力　一般学习能力(智力)是指人认识、理解客观事物并运用知识、经验等解决问题的能力,即逻辑思维能力,包括记忆能力、观察能力和注意能力。一般学习能力是人在学习、工作、日常生活中必须具备、广泛使用的能力。职业或专业的水平越高,对人的一般学习能力的要求就越高。

(2)交流表达能力　交流表达能力是指对词及其含义的理解和使用的能力,对词、句子、段落、文章的理解能力,以及善于清楚而正确地表达自己的观点和向他人传递信息的能力。简单地说,它包括对文字的理解能力和运用口头、文字、数字、图表的表达能力。不同的职业对人的表达能力要求不相同,如教师、营销员、公关人员、工程技术人员等必须具备较好的交流表达能力。

(3)运算能力　运算能力是指迅速而准确地计算的能力。大部分职业都要求工作者有一定的运算能力,但不同的职业对人的运算能力要求的程度不同。例如,会计、出纳、建筑师等职业,对工作者的运算能力要求较高;而法官、律师、护士等职业对人的运算能力要求则一般;对演员、话务员、厨师、理发师等来说,运算能力的要求就相对较低。

(4)空间判断能力　空间判断能力是指能看懂几何图形、识别物体在空间运行中的联系、解决几何问题的能力。如果一个人爱好平面几何并且学得很好,通常这个人的空间判断能力就比较强。与图样、工程、建筑有关的职业以及牙科医生、内外科医生等职业,对空间判断能力的要求较高;对裁缝、电工、无线电修理工来说,这类职业也要求其具有一定的空间判断能力。

(5)形态知觉能力　形态知觉能力是指对物体或图像的有关细节的感知能力。例如,对于图形的阴暗、线条的长短做出视觉的区别比较,能看出其细微的差异。对于生物学家、建筑师、测量员、制图员、农业技术员、医生、药剂师、画家等来说,需要较强的形态知觉能力;而对于历史学家、政治家、社会服务工作者来说,这类职业对形态知觉能力的要求不高。

(6)事务能力　事务能力是指对言语或表格式的材料的细节的处理能力,如发现错字或正确地校对数字的能力等。从事设计、记账、打字等工作,都必须具备一定的事务能力。

(7)动作协调能力　动作协调能力是指能迅速、准确、协调地做出精确的动作和运动反应的能力。对于驾驶员、飞行员、牙科医生、外科医生、雕刻家、运动员、舞蹈家来说，这种能力是非常重要的。

（8）**手指灵活度**　手指灵活度是指手指迅速、准确、协调地操作小物体的能力。打字员、外科医生、五官科医生、护士、雕刻家、画家、兽医等手指必须比一般人灵活。

（9）**眼—手—足协调能力**　眼—手—足协调能力是指根据视觉刺激，手足配合活动的能力。

（10）**颜色分辨能力**　颜色分辨能力是指观察或识别相似或相异色彩，或对相同色彩明暗效果的感知能力，包括识别特殊色彩、识别调和色或对比色以及正确配色的能力。

如果知道自己的能力及职业能力在哪些方面有优势之后再进行职业选择，可能会避免大的失误。

3. 职业能力的形成

努力学习文化专业知识、认真进行专业技能训练是提高职业能力的有效途径。学习文化专业知识是提高职业能力的基础。在学习和训练中要有意识地锻炼自己的职业能力。随着科学技术的发展，职业能力的科技含量不断增加，高职院校学生应该掌握最新科技知识，使自己的职业能力符合时代的要求。

延伸阅读

人社部、市场监管总局、统计局联合发布新职业

2019年4月1日，人力资源和社会保障部、市场监管总局、统计局正式向社会发布了人工智能工程技术人员、物联网工程技术人员、大数据工程技术人员、云计算工程技术人员、数字化管理师、建筑信息模型技术员、电子竞技运营师、电子竞技员、无人机驾驶员、农业经理人、物联网安装调试员、工业机器人系统操作员、工业机器人系统运维员13个新职业信息。这是自2015年版国家职业分类大典颁布以来发布的首批新职业。人力资源和社会保障部组织职业分类专家，严格按照新职业评审标准和程序，从有关申报单位提交的新职业建议中评选出来，经公示广泛征求社会各界意见后确定的。首批新职业主要集中在高新技术领域，具有以下几个特点：

一是产业结构的升级催生高端专业技术类新职业。当前，我国经济已由高速增长阶段转向高质量发展阶段，这对劳动者的科学文化素质和能力水平提出新的要求。近几年，随着我国人工智能、物联网、大数据和云计算的广泛运用，与此相关的高新技术产业成为我国经济新的增长点。对从业人员的需求大幅增长，形成相对稳定的从业人群。人工智能工程技术人员、物联网工程技术人员、大数据工程技术人员和云计算工程技术人员这4个专业技术类新职业应运而生。这些新职业属高新技术产业，以较高的专业技术知识和能力为支撑，从业人员普遍具有较高学历。

二是科技提升引发传统职业变迁。随着新兴技术的采用，传统的第一、第二产

业越来越智能化。工业机器人替代生产流水线上简单劳动力的做法在部分地区得到推广，与机器人相关的生产、服务和培训企业蓬勃发展。工业机器人的大量使用，使得对工业机器人系统操作员和系统运维员的需求剧增，使其成为现代工业生产一线的新兴职业。随着无人机技术的成熟，利用无人机完成一些人类难以完成的高难险和有毒有害工作成为可能，通过无人机可以进行植保、测绘、摄影、高压线缆和农林巡视，无人机在物流等领域也拥有广阔的应用空间。大量无人机的使用，使无人机驾驶员成为名副其实的新兴职业。

三是信息化的广泛应用衍生新职业。信息化如同催化剂，使传统职业的职业活动内容发生变革，从而衍生出新职业，如数字化管理师、建筑信息模型技术员。随着物联网在办公、住宅等领域得到广泛应用，信息化与现代制造业深度结合，物联网安装调试从业人员需求量激增。近几年，在国际赛事的推动下，基于计算机的竞技项目发展迅猛，电子竞技已成为巨大的新兴产业，电子竞技运营师和电子竞技员职业化势在必行。在农业领域，农民专业合作社等农业经济合作组织发展迅猛，从事农业生产组织、设备作业、技术支持、产品加工与销售等管理服务的人员需求旺盛，农业经理人应运而生。

2020年7月6日，人社部联合国家市场监管总局、国家统计局又发布9个新职业，包括区块链工程技术人员、城市管理网格员、互联网营销师、信息安全测试员、区块链应用操作员、在线学习服务师、社群健康助理员、老年人能力评估师、增材制造设备操作员。

除了发布新增职业外，此次还发布了部分职业发展出的新工种。"互联网营销师"职业下增设了"直播销售员"，人们熟知的电商主播、带货网红们有了正式的职业称谓。此外，互联网信息审核员、小微信贷员、劳务派遣管理员等5个工种也成了正式的职业称谓。

人社部方面表示，在助力新冠肺炎疫情防控过程中，为了扩大公共卫生辅助从业者的队伍，此次新职业发布还将原有的公共卫生辅助职业下的防疫员、消毒员和公共场所卫生管理员3个工种分别上升成为新职业。

此批新职业除了涉及预防和处置突发公共卫生医疗事件领域，还适应高校毕业生就业创业需要的新业态领域，以及适应贫困劳动力和农村转移就业劳动者等需要的促进脱贫攻坚领域。

新职业的开发和论证对就业创业也会有带动作用。在这次发布的新职业中有一部分属于劳动密集型职业，对农村转移劳动者、现存下岗失业人员而言，也有利于通过及时转换岗位实现就业。

（来源：人力资源和社会保障部网站）

课堂活动与课后思考二

1. 什么是职业？职业的特性有哪些？
2. 职业的意义何在？
3. 职业的发展对大学生择业有哪些影响？
4. 如何看待热门职业？
5. 图 2-1 是职业发展与演变的形象描述，你会选择什么职业呢？

（1）曙光职业　如心理咨询师、职业生涯辅导师等。

（2）朝阳职业　如人力资源经理、市场营销经理等。

（3）如日中天的职业　如 IT 界的编程人员等。

（4）夕阳职业　如公交车售票员等。

（5）黄昏职业　如送煤工、淘粪工等。

（6）流星职业　如传呼台的传呼员，20 世纪 80~90 年代曾经有很多人做这项工作，这个职业现在已经不存在了。

（7）恒星职业　自从人类有文明记载以来，几乎是几千年一直存在的职业。

（8）昨夜星辰职业　现在已经没有的职业。

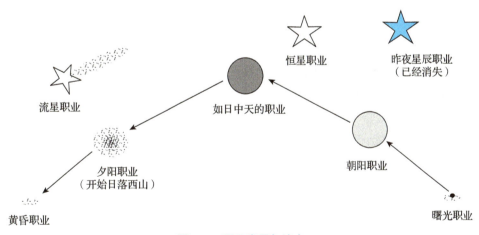

图 2-1　职业发展与演变

6. 兴趣对职业生活有哪些影响？
7. 性格能决定命运吗？
8. 简述能力与职业能力对职业活动的影响。怎样提高自己的能力和职业能力？
9. 从媒体以及周围的人中，找一找这样的事例：开始时对自己所从事的职业不了解或不感兴趣，在职业实践中真正了解这个职业以后，不但有了兴趣而且成为这一职业的成功者。把有关材料整理一下，说说怎样才能形成职业兴趣。

10. 兴趣与择业自测

（1）了解你对哪一种职业有兴趣，职业兴趣能从你的阅读兴趣中反映出来。较为流行的测试方法是美国心理学家勃宁提出的"不完全句子投射测验法"。

请你填写以下13个不完整的句子：

1）今天，我感到 _____。
2）如果我应该读书，我 _____。
3）当我长大时，_____。
4）我最大收获是 _____。
5）这个周末 _____。
6）我阅读 _____。
7）我喜欢花一天时间做 _____。
8）我喜欢读的书有 _____。
9）我打算 _____。
10）能教给人一些东西的书是 _____。
11）使人感到快乐的书是 _____。
12）我期望 _____。
13）我遗憾的是 _____。

当你完成这些句子后，职业兴趣就一目了然了。

（2）你还可以通过回答下面的问题加深对自己职业兴趣的认识。

1）在目前的学习环境中，你喜欢做什么事情？
2）你喜欢什么娱乐活动？
3）你喜欢什么人？
4）你喜欢什么样的课程？
5）你喜欢什么电视节目？

11. 性格与择业自测

下面就6种性格类型各列出了10项活动，在相应的括号内画"√"，汇总之后，找出自己的性格类型，希望这能帮助你找到自己喜欢的职业。

1）现实型

	喜欢	不喜欢
A. 参加制图绘图学习班	（　）	（　）
B. 参加机械和电力方面的学习班	（　）	（　）
C. 参加木工技术学习班	（　）	（　）
D. 用木头加工东西	（　）	（　）
E. 开某一种车辆	（　）	（　）

F. 使用机器加工东西　　　　　　　　　（　　）　　　　（　　）

G. 装配、修理电器或玩具　　　　　　　（　　）　　　　（　　）

H. 修理自行车　　　　　　　　　　　　（　　）　　　　（　　）

I. 驾驶卡车或拖拉机　　　　　　　　　（　　）　　　　（　　）

J. 装配、修理机器　　　　　　　　　　（　　）　　　　（　　）

总计次数　　　　　　　　　　　　　　（　　）　　　　（　　）

2）研究型　　　　　　　　　　　　　　喜欢　　　　　　不喜欢

A. 化学课　　　　　　　　　　　　　　（　　）　　　　（　　）

B. 了解金属等物质的成分　　　　　　　（　　）　　　　（　　）

C. 在实验室工作　　　　　　　　　　　（　　）　　　　（　　）

D. 生物课　　　　　　　　　　　　　　（　　）　　　　（　　）

E. 读科技图书和杂志　　　　　　　　　（　　）　　　　（　　）

F. 物理课　　　　　　　　　　　　　　（　　）　　　　（　　）

G. 几何课　　　　　　　　　　　　　　（　　）　　　　（　　）

H. 改良水果品种、培育新的水果　　　　（　　）　　　　（　　）

I. 做数学游戏　　　　　　　　　　　　（　　）　　　　（　　）

J. 研究自己感兴趣的特殊问题　　　　　（　　）　　　　（　　）

总计次数　　　　　　　　　　　　　　（　　）　　　　（　　）

3）艺术型　　　　　　　　　　　　　　喜欢　　　　　　不喜欢

A. 创作诗歌或吟诵诗歌　　　　　　　　（　　）　　　　（　　）

B. 参加美术或音乐培训班　　　　　　　（　　）　　　　（　　）

C. 阅读剧本、小说　　　　　　　　　　（　　）　　　　（　　）

D. 欣赏戏剧或音乐　　　　　　　　　　（　　）　　　　（　　）

E. 从事摄影创作　　　　　　　　　　　（　　）　　　　（　　）

F. 参加乐队或练习乐器　　　　　　　　（　　）　　　　（　　）

G. 参加制图或素描训练　　　　　　　　（　　）　　　　（　　）

H. 参加话剧或戏剧表演　　　　　　　　（　　）　　　　（　　）

I. 练习书法　　　　　　　　　　　　　（　　）　　　　（　　）

J. 设计家具、布置室内环境　　　　　　（　　）　　　　（　　）

总计次数　　　　　　　　　　　　　　（　　）　　　　（　　）

4）社会型　　　　　　　　　　　　　　喜欢　　　　　　不喜欢

A. 结识新朋友　　　　　　　　　　　　（　　）　　　　（　　）

B. 出席茶话会、晚会、联欢会　　　　　（　　）　　　　（　　）

C. 照顾儿童　　　　　　　　　　　　　（　　）　　　　（　　）

D. 帮助别人解决困难　　　　　　　　（　　）　　　（　　）

E. 参加学校或单位组织的各类活动　　（　　）　　　（　　）

F. 参加某个社会团体活动　　　　　　（　　）　　　（　　）

G. 参加辩论会、听各种讲座　　　　　（　　）　　　（　　）

H. 获得关于心理学方面的知识　　　　（　　）　　　（　　）

I. 观看或参加体育比赛和运动会　　　（　　）　　　（　　）

J. 和大家一起外出郊游　　　　　　　（　　）　　　（　　）

总计次数　　　　　　　　　　　　　（　　）　　　（　　）

5）企业型　　　　　　　　　　　　　喜欢　　　　　不喜欢

A. 检查与评价别人的工作　　　　　　（　　）　　　（　　）

B. 在社会团体中担任某种职务　　　　（　　）　　　（　　）

C. 结识名人　　　　　　　　　　　　（　　）　　　（　　）

D. 谈论政治　　　　　　　　　　　　（　　）　　　（　　）

E. 制订计划、参加会议　　　　　　　（　　）　　　（　　）

F. 从事商业活动　　　　　　　　　　（　　）　　　（　　）

G. 经常说服鼓励别人　　　　　　　　（　　）　　　（　　）

H. 以自己的意志影响别人的行为　　　（　　）　　　（　　）

I. 指导各种具有某种目标的社会团体　（　　）　　　（　　）

J. 参与政治活动　　　　　　　　　　（　　）　　　（　　）

总计次数　　　　　　　　　　　　　（　　）　　　（　　）

6）常规型　　　　　　　　　　　　　喜欢　　　　　不喜欢

A. 抄写文件或信件　　　　　　　　　（　　）　　　（　　）

B. 参加情报处理工作　　　　　　　　（　　）　　　（　　）

C. 整理报告记录　　　　　　　　　　（　　）　　　（　　）

D. 检查个人收支情况　　　　　　　　（　　）　　　（　　）

E. 参加打字培训　　　　　　　　　　（　　）　　　（　　）

F. 整理桌面和房间　　　　　　　　　（　　）　　　（　　）

G. 参加商业会计培训班　　　　　　　（　　）　　　（　　）

H. 起草商业贸易信函　　　　　　　　（　　）　　　（　　）

I. 写报告或公务信函　　　　　　　　（　　）　　　（　　）

J. 参加计算、文秘等实务培训　　　　（　　）　　　（　　）

总计次数　　　　　　　　　　　　　（　　）　　　（　　）

在这6种性格类型所列举的活动中，选择"喜欢"次数多的那类性格是你的性格类型，可以据此去选择适合自己的职业。

12. 根据分析和调查的情况，制订提高自身素质能力的计划。

先在表 2-3 适合自己的栏中画"√"，然后分析自己的素质能力。

表 2-3 自身素质能力测试表

	强	较强	一般	较弱	弱
语文能力					
自我控制能力					
适应变化能力					
自省能力					
抗挫折能力					
审美能力					
收集和处理信息的能力					
组织和执行任务的能力					
创新能力					

第三课 职业生涯及规划

 一、职业生涯概述

1. 什么是职业生涯

职业生涯与职业不同,职业生涯是一个发展的概念,即将个人的职业生活看作一个动态的过程,具有深厚的个人色彩。简单地说,职业生涯就是一个人的终生职业经历。一个人一生中连续从事的职业,它不仅包括过去、现在和未来那些可以实际观察到的职业发展过程,还包括个人对职业生涯发展的见解和期望。

具体地讲,职业生涯是以心理开发、生理开发、智力开发、技能开发、伦理开发等潜能开发为基础,以工作内容的确定和变化,工作业绩的评价,工资待遇、职称、职务的变动为标志,以满足需求为目标的工作经历和内心体验。职业生涯是人生中最重要的历程,是追求自我实现的重要人生阶段,对人生价值起着决定性作用。

一个人的职业生涯是一个漫长的过程。他可能遵循传统,一生只从事一种职业,持续而稳定地在此职业岗位上晋升、增值;也可能由于个人兴趣、能力、价值观及工作环境的变化而经历不同的岗位、职业甚至行业。但大多数人还是希望找到一种相对稳定的、适合自己的职业。

2. 外职业生涯与内职业生涯

外职业生涯是指从事一种职业的工作时间、工作地点、工作单位、工作内容、工作职务与职称、工资待遇等因素的组合及其变化过程。外职业生涯通常可以通过名片、工资单体现出来。名片上表明工作的地点、企业的类型、担任的职务、职称等内容；工资单里写明基本工资、岗位津贴、福利待遇、奖金等，这些因素构成了外职业生涯。

内职业生涯是指从事一种职业时的知识、观念、经验、能力、心理素质、内心感受等因素的组合及其变化过程。内职业生涯所讲到的这些因素，并不是通过名片、工资单可以体现出来的，而是通过从事职业时的表现、工作结果、言谈举止表现出来的。

外职业生涯的发展通常由其他人决定、给予或认可，也容易被其他人否定、收回或剥夺。而内职业生涯的发展主要依靠自己的不断探索而获得，不随外职业生涯的发展而自动具备，也不因为外职业生涯的失去而自动丧失。在我们的职业生涯发展进程中，起重要作用的是内职业生涯。

二、职业生涯规划

（一）职业生涯规划的含义及其作用

职业生涯规划也称为职业生涯设计。所谓职业生涯规划，是指个人结合自身情况以及眼前的机遇和制约因素，为自己确定职业目标，选择职业道路，确定发展计划、教育计划等，并为自己实现职业生涯目标而确定行动方向、行动时间和行动方案。

按照时间维度，职业生涯规划可以分为短期规划、中期规划、长期规划和人生规划四种类型。

（1）短期规划　短期规划是指两年以内的规划，主要是确定近期目标，规划近期应完成的任务。例如，计划两年内熟悉新公司规则，融入企业文化中，为此要花较多的时间与同事、领导沟通，向老员工学习。

（2）中期规划　中期规划一般应设计 2~5 年内的职业目标和任务，是最常用的一种职业生涯设计。例如，3 年后要成为部门经理，完成相应的业绩以及为实现此目标而参加的培训等。

（3）长期规划　长期规划是指 5~10 年的规划设计，主要是设定较长远的目标。例如，规划 35 岁时成为分公司副总经理，以及为实现此目标应采取的具体措施。

（4）人生规划　人生规划是指整个职业生涯的设计，设定整个人生的职业发展目标和阶梯。

从字面上看，个人职业生涯设计从短期到中期，再到长期，直至整个人生规划，如同上台阶，一步步地发展。但在实际操作中，时间跨度太长的规划由于环境、个人的变化而难以把握；而时间跨度太短的规划又没有多大意义，因此，一般我们提倡个人职业生涯设计掌握在 2~5 年内比较好。这样既便于根据实际情况设定可行目标，又便于随时根据现实的反馈进行修正和调整。

设计个人职业生涯规划时，还要注意职业生涯设计的两大特性：个性化和开放性。

一件成功的产品，在它问世之前，要经过精心策划，从调查市场需求，到了解消费者嗜好，以及搜集相关产品的市场现状、前景，权衡本企业的生产、销售条件，之后进行设计、生产、包装、销售等。

那么，我们的人生呢？大多是幼儿园→小学→中学→大学→工作岗位。多少年来，我们的前辈，还有许多身边的同龄人重复着这条不变的人生轨迹，一切按部就班，仿佛坐上惯性火车，行程的主题只有一个——"活着"，不知道自己究竟想要什么，甚至根本就没想过自己想要做什么。直到有一天年老体弱时，失望的情绪像潮水一样涌上心头：为什么学了这么多年，工作了这么久，到头来却两手空空？少时曾经的梦想早已成遥远的空中楼阁，曾经憧憬的有趣的工作、快乐的生活方式、诱人的成就感都埋没于光阴的流逝之中……

如果早一天规划自己的人生，结果会怎样呢？机遇从来只青睐有心人，这就是要进行职业生涯规划的原因。不论是未出校门的学生，还是已到中年的不如意者，或者渴望更大成就者，只有尽早进行科学的个人职业生涯设计，才能把握开天辟地的利斧，获得机遇的青睐。

所幸，对于很多今天的年轻人来说，"职业生涯"已不再是一个陌生的词汇。他们清楚地意识到，职业生涯规划对自己有限的人生是何等重要。面对人生大舞台，相信每个人都渴望实现自我价值。

美国心理学家马斯洛就指出："人是永远不能满足的动物。"他提出了著名的"人生需求理论"，指出人的需求由低级层次向高级层次推进，即生理需求→安全需求→归属需求→尊重需求→自我实现需求（见图3-1）。

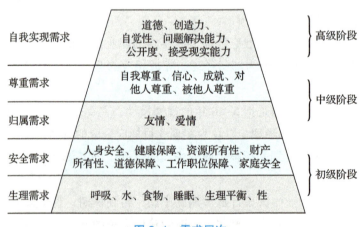

图3-1　需求层次

这里强调的是较高级的人生需求，如归属需求、尊重需求、自我实现需求是无限的，必须通过满足社会公众和他人的需求才能实现。而所有这些需求实际上都要通过职业生涯活动来丰富。通过从事一份职业，我们获得生命赖以存活的食物、水等物质；通过从事一份职业，我们能拥有一个安全舒适的住房以休息放松；也是通过从事一份职业，我们获得人们的认可、尊敬，享受美好生活；更是通过从事一份职业，我们能够发挥自己的潜能，体现自我价值，体验到幸福感与成就感。然而，有一份工作就能保证我们实现所有这些需求吗？

毫无疑问，答案是否定的。高级需求能否被满足，很大程度上依赖于职业生涯的进展状况，很难想象一个抱着"当一天和尚撞一天钟"心态、浑浑然度日的人能充分体会到上述高级需求，感受到人生成功的快乐。

谁都希望能在自己的职业生涯中有所成就，特别是那些受过良好教育、自身素质较高的"新生代"，更是对未来事业充满很高的期望，并愿意为成功付出汗水和努力。但是成功仅有主观努力是不够的，关键在于你是否选择了正确的方向。

一个人的职业生涯是生活的重要组成部分，选择了一份职业，就是选择了一种社会角色，进而选择了一种生活方式。我们在社会舞台上扮演得如何以及过着什么样的生活，其实是可以由我们自己来把握的。每个人都应该是自己人生事业的规划者和耕耘者，规划自我、发展自我、为实现自我价值创造机会，并扬长避短，最终迈向成功。或许没有职业生涯规划，个人也可能获得成功。但是有了职业生涯规划，肯定会更快地成功，获得更大的成就。同时，职业生涯规划不仅使我们找到自己喜欢且适合的工作，更重要的是，它引导我们去努力追寻自己理想的生活方式。

一份有效的职业生涯规划将：

1）引导你认识自身的个性特质、现有和潜在的资源优势，帮助你重新认识自身的价值并使其持续增值。

2）引导你对自己的综合优势与劣势进行对比分析。

3）使你树立明确的职业发展目标与职业理想。

4）引导你进行与实际相结合的职业定位，搜索或发现新的或有潜力的职业机会。

5）引导你评估个人目标与现状间的距离。

6）使你学会运用科学的方法、采取切实可行的步骤和措施，不断增强职业竞争力，实现自己的职业目标与理想。

总之，一份有效的职业生涯规划能使你充分发挥个人的专长，开发自己的潜能，克服职业生涯发展中的困难，避开人生陷阱，获得事业的成功。

同时，企业更欢迎有准备的人才。有见地的企业大打"人才战"，通过提高企业内部的人力资源管理效率来获得商场上的胜利。在这种背景下，越来越多的企业将"职业生涯开发与管理"艺术引入人力资源管理工作流程中，帮助员工进行职业生涯规划就是其中的一项核心内容。为了打好"人才保卫战"，充分用好人才，企业需要了解员工的职业生涯发展规划，并通过帮助员工逐步实现个人职业生涯规划来留住人才，提高组织效率。这时，如果员工本人不能有意识地主动地配合组织的人力资源规划，将错失发展良机，并可能被组织淘汰出局。有人说，成功需要能力加机会，能力可以不断地培养积累，而机会却不是自我能控制的。这里要强调的是：或许机会不是能被人控制的，但是，做出一份好的职业生涯规划却能够让你在机会来临时，比别人抓得更快、更牢。

（二）职业生涯规划的原则

我们在做职业生涯规划时既要有挑战性，又要注意避免好高骛远，同时还要注意适时调整。在做规划时需注意下面的 7 个原则。

（1）长期性原则　规划一定要从长远考虑，着眼于大方向。

（2）挑战性原则　目标或措施是具有挑战性，还是仅保持原来状况？目标选择能否对自己起到内在的激励作用？完成计划能否带来成就感？

（3）清晰性原则　目标、措施是否清晰、明确？实现目标的步骤是否直截了当？各种安排是否具体？

（4）可行性原则　从事实出发了吗？充分考虑到个人、社会和企业环境的特点与需要了吗？与社会、企业的需求协调吗？各阶段的路线划分与措施安排具体可行吗？千万不要做不着边际的幻想。

（5）适时性原则　是否就达到各种目标的行动安排、先后次序做出了明确的时间限制或标准？时间表足以作为日后行动检查的依据吗？

（6）适应性原则　目标或措施是否有弹性或缓冲性？是否能随着环境的变化而做调整？

（7）持续性原则　人生的各个发展阶段应该持续连贯地衔接下来，做规划也应考虑到职业生涯发展的整个历程，做全程的考虑。各具体规划与人生总规划是否一致？主要目标与分目标是否一致？

（三）职业生涯规划的要素、步骤和内容

1. 职业生涯规划的要素

既然职业生涯规划具有明显的个性化特征，每个人因各自的职业生涯发展阶段和历程不同，其职业生涯规划的要点也有所不同，不同的人在做职业生涯规划时，所考虑的因素也有所不同。总体说来，一些因素是必须考虑的，如对自我的全面认识、外部环境的评估、个人目标的抉择以及落实目标的措施安排等。

我国人事科学研究者罗双平用一个精辟的公式总结出职业生涯规划的三大要素，即

$$职业生涯设计 = 知己 + 知彼 + 抉择（目标）$$

俗话说"知己知彼，百战不殆"。在职业生涯规划中，所谓"知己"就是自我认识与自我了解。"知彼"就是熟悉周围的环境，特别是与生涯发展有关的工作环境。知己、知彼相互关联，确定的个人职业生涯目标要符合现实，而不是一厢情愿；对从事的职业要感兴趣，而不是被动地去做；所从事的工作能发挥专长，利用个人的强项；对工作的环境能够适应，而不是感到处处困难，难以生存。如果实现上述目标，就说明你的职业生涯规划

不仅做到了"知己""知彼",而且还做出了正确的"抉择"。职业生涯规划要素之间的关系如图3-2所示。

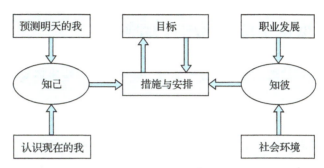

图 3-2　职业生涯规划要素之间的关系

2. 职业生涯规划的步骤

规划一个完整的有效的职业生涯应包括自我评估、外部环境分析、目标确定、策略实施和反馈评估这 5 个环节。每一个环节都要设计若干具体内容。

（1）自我评估　自我评估的主要内容是与个人相关的所有因素,包括兴趣、个性、能力、特长、学识水平、思维方式、价值观、情商、潜能等。要清楚自己是谁、自己想要做什么以及自己能做什么。常言道:"当局者迷",一个人对自己的认识是片面的,所以,在自我评估中还应该包括他人的意见,我们称之为"角色建议"。

（2）外部环境分析　外部环境分析包括对社会政治环境、经济环境和组织（企业）环境的分析,即评估和分析环境的特点、发展与需求的变化趋势,自己与环境的关系以及环境对自己的有利条件与不利条件等。目的是调整自己,适应环境。这样职业生涯规划才会切实可行,而不致流于空泛。

（3）目标确定　说到底,我们制订个人职业生涯规划就是为了实现某种职业目标,进而获得自己理想的生活,所以目标抉择才是职业生涯规划的核心。职业生涯规划确定的是可预想到的、有一定实现可能的目标,包括人生目标、长期目标、中期目标和短期目标。一般首先可根据个人素质与社会大环境确定人生目标和长期目标,然后通过目标分解,将其分解为符合组织需要的中期目标及短期目标。

（4）策略实施　所谓策略实施,是指为实现职业生涯目标而制订的行动计划。在确定职业生涯目标后,就要制订相应的行动方案来实现目标,这就如同设计奔向目标的阶梯。实施的策略要求具体可行、容易测评。它包括职业生涯发展路线、教育培训、实践计划等方面的措施。

（5）反馈评估　有效的职业生涯规划还要求便于自己不断地反省、修正目标和策略方案。人生仿佛在一片陌生的海域航行,谁也无法预测下一分钟将会发生什么情况。现实社会中种种不确定因素的存在,会使现实情况与原来制订的职业生涯目标有所偏差,这就需要我们及时针对规划的目标和行动方案做出调整,从而保证职业生涯之途顺利持续下去,并最终实现最高人生理想。从这个意义上说，反馈评估的确是一个再认识、再发现的过程。

3.职业生涯规划的内容

著名职业生涯学研究者与培训师程社明提出职业生涯规划应包括 10 项内容：

（1）题目　包括姓名、年限、年龄跨度、起止时期。

（2）职业方向及总体目标　是指从业方向和当前可以预见的最长远目标。

（3）社会环境分析结果　包括对政治环境、经济环境、法律环境的分析，还包括职业环境分析。

（4）企业分析结果　包括行业分析以及对企业制度、企业文化、企业领导、企业产品和服务、发展领域等的分析。

（5）自身条件及潜力测评结果　个人分析包括了解自己的目前状况和发展潜能。

（6）角色及其建议　记录对自己职业生涯影响最大的一些人的建议。

（7）目标分解及目标组合　分析实现目标的主要影响因素，通过目标分解和目标组合做出果断明确的目标选择。

（8）成功的标准

（9）差距　即自身现实状况与实现目标的要求之间的距离。

（10）缩小差距的方法及实施方案

（四）职业生涯规划的误区

（1）"我的目标就是总裁"　不少人相信"不想当将军的士兵不是好士兵"这句话，其实，现实生活中的情况是：将军的位置很少，如果大家的目标都是当将军，那么这种主观愿望与客观条件产生的差距会使你在执行计划时遇到许多挫折。因此，判定职业前景时，要从实际出发，切实可行。

（2）"能做好下属就能做好主管"　有人认为只要把本职工作做好就可以升为主管，其实不然，优秀的运动员不一定是好教练，一些表现优异的工程师、销售人员升任主管后却表现不佳，这是因为主管还需要工作以外的条件，如决策能力、协调能力、领导能力等。所以在某个职位做得好，并不表明在其他职位也能做得好。

（3）"成功的关键在于运气"　很多人坚信成功者是由于有好的机会，因此，他们被动地等待命运的安排，而不去主动地计划经营，努力把握自己的生活，这种人只是守株待兔。

（4）"做计划是人事部门的事，与我无关"　职业生涯规划是组织和个人双方都参与的，最终的实现者是个人，因此，若抱着"做一天和尚撞一天钟"的态度来对待自己的未来，将是可悲的。

（5）"只有加班工作，才会得到赏识"　有些人认为在单位加班的时间越长，越能显示自己的勤奋。其实工作效率和工作业绩是最重要的，整天忙忙碌碌不出成果，并不是一个有效率的工作者。

（6）"由老板决定升迁的快慢" 如果过于迷信老板对个人升迁的影响，你会因为迎合老板的好恶而看不清自己的问题，会使你步入歧途。

（7）"只有改正了缺点，才能得到升迁" 将自己的强项发挥出来，然后再试着纠正自己的弱点，扬长避短。

（8）"不管事大、事小，都要尽力去做" 有些人总说自己忙，总有干不完的活，由于事无巨细，浪费了很多时间和精力。应该将要做的事做好计划，分清轻重缓急，要抓住主要矛盾，不要芝麻、西瓜一把抓。

（9）"生活是生活，工作是工作，内外有别" 有些人不愿意自己的配偶过问工作，觉得没必要让他们了解自己的职业计划。其实，家庭的支持对于工作成功很重要。另外，职业计划也不要忽略了自己的生活乐趣，因为工作和生活是人生重要目标的两个重要成分。

（10）"这山望着那山高" 持这种心态的人，总是觉得别人的工作更理想，因此产生跳槽的想法，而没有想到，到了新的工作岗位要建立新的人际关系，面对新的矛盾和挑战，不管什么工作都是不容易的。因此，要客观分析自己的工作，要持现实的态度。

三、职业生涯开发

职业生涯规划好之后，接下来的任务就是将其变成现实，这就需要我们进行知识、能力和技术的开发（学习、实践）活动。

1. 树立自信

职业生涯规划是自己的人生蓝图，要把蓝图变成现实，首先需要树立自信心。自信心是一个人事业成功的重要因素之一，是事业发展的动力源泉。

自信，是来自心灵深处的自我认可。踏实、谦虚是自信的表现。自信是一种独特的人格魅力，拥有这种魅力的人，懂得如何取他人之长补自己之短。自信在职业生涯中发挥着重要的作用。

一个单位或一个公司往往会有这样的情况，有相同的学历、同样的工作经验的人，在处理事务的能力方面却有明显的差异。这种差异产生的一个重要因素就是人的自信心。在毕业生应聘中也常常有这样的事情发生，两个人一起去应聘一个岗位，在知识能力不相上下的情况下，为什么一个人被录取，而另一个人却落聘呢？这是因为被录取的人有足够的信心，也清楚地了解自己的长处，并且能把这种自己认可的信息传递给对方，使对方对他产生认可。而落聘者的问题可能就是信心不足。试想，一个对自己都不能完全肯定的人，怎么能让别人肯定，又怎么能在工作中完全发挥自己的能力呢？

2. 开发潜能

一个人要实现自己的职业理想，就需要在树立自信心的基础上积极开发自己的潜能。

人的潜能到底有多大？科学家们曾用冰山理论来形容，即海面上漂浮着一座冰山，浮在海面以上的部分是人的显在能力，沉在海面以下的部分是人的潜在能力，而与浮出水面上的那部分相比，沉在海面以下的部分是水面上的十倍、甚至百倍。可见，人的潜在能力大大超过人的显在能力。

要让自己的潜能得到开发，就要善于使用潜意识的力量。潜意识就是我们无条件执行某种行为的意识。只有把潜意识的力量开发出来，我们才能获得成功。

激励潜能可利用以下几种方法：

（1）设定目标　分阶段设立目标，并且使目标可视化。我们把目标记在书签上，制作成理想签，如"我要拿奖学金""我要有一辆车子"。翻阅理想签，并付诸行动，这样目标很快就会实现。

（2）自我暗示　自我暗示就是每天都要暗示自己，"我是最棒的，我一定会成功，我喜欢我自己""这车子是我的""我将拿到一等奖学金"。

（3）目标实现　每天早上起床时和晚上入睡前想象目标实现的情景："辅导员（老师）将奖学金送到自己的手中""我太高兴了，开着自己的车子""这车是我辛勤劳动换来的"。

重复是潜能开发的途径。一定要注意，虽然潜能开发与做事是两回事，但不要每天只开发潜能而忽视做事。最好的方法是，做事情的同时进行潜能开发。

3. 开发情商

根据对职业生涯成功人士的研究发现，在人生事业成功的要素中，情商是一个重要的因素。

何谓"情商"？"情商"作为心理学中一个测量人的"情感智力"的量度概念，是作为"非智力因素"的概念而提出的，用以表示认识自身情绪、妥善管理情绪、自我激励、认识他人情绪和处理人际关系等方面的水平以及个人在单位、公司、团队中的心理平衡和情绪调节的能力。情商表现了人们通过情绪控制来提高生活质量的能力，比如，如何激励自己、如何克制冲动、如何调整情绪、如何换位思考等。

情商包括直觉自知能力、理解平衡能力、自控能力、自我激励能力、人际关系处理能力、自信等。

了解自己的情感是情商首要的体现，即对自己的悲、喜、忧、乐等积极、消极情绪的觉察能力，也就是对自己的情感、情绪的自我反省、自我认识的能力。一个人对自己情感的认识和把握是情商的基础，谁能更好地认识和把握自己的情感，谁就能更好地驾驭生活。

每个人都会经历生活中的磨难和情感的波澜，但是，情感是可以调节的。每个人调节自己情感的方式和能力是不一样的，有的人依靠倾诉，有的人依靠祷告，有的人依靠发泄，有的人依靠破坏。

自制能力是一种延迟冲动的能力，即根据自身的情况、环境状况、人际交往状况，把握控制、适当表现、发泄自己情绪的能力。自制能力强的人进取心、学习能力、承受压力的能力也强。

自我激励能力是指充分利用各种手段激励自己的能动性、创造性的能力，这是成功的内在动力和重要保证。情商高的人在失败面前也能不断激励自己，度过困境；而一些智商高情商低的人却容易在事业失败时一蹶不振。

要做到正确把握和处理人际关系，首要的是具有了解他人情绪的能力。善于处理人际关系的人总能得到帮助，容易取得成功。

自信心也是情商的一个重要因素。

4. 立即行动

职业生涯规划能否实现，取决于能否立即行动，因为只有行动，才有成功的可能；只有从现在做起，把规划付诸行动，一切才会真实而明确地展现在你的面前。

在职业院校学习，不但要为即将开始的就业做准备，而且要为终身接受教育打下基础。学校为学生提供了集中精力学习的环境，珍惜这种学习机会和学习环境，就是珍惜自己的未来。积极参加各种社会实践活动，如军事训练、教学实习、生产实习、公益劳动、科技文化活动、志愿者活动、勤工俭学等。这些活动既是锻炼、提高自身素质的不可或缺的途径，也是了解社会、了解职业、了解自己的最佳渠道。

要实现自己的职业生涯目标，必须从现在做起，当日事当日毕。前进的道路并非平坦，要成就一番事业，必须不怕困难，持之以恒。

四、职业生涯的发展与成功

1. 职业生涯发展阶段理论

职业生涯贯穿人的一生，在发展的不同阶段，有着不同的职业需求和人生追求。20岁时希望尽快进入角色，30岁时追求发展空间，40岁时寻求突破，50岁时可能又力求平衡。正确认识职业生涯发展规律以及自己所处的发展阶段，对制订有效的职业生涯规划是非常重要的。

美国著名职业指导专家格林豪斯将职业生涯划分为5个阶段。

（1）职业准备阶段（0~18岁）　其主要任务是：发展职业想象力，对职业进行评估和选择，接受必需的职业教育。

（2）查看组织阶段（18~25岁）　其主要任务是：在一个理想的组织中获得一份工作，在获取足量信息的基础上，尽量选择一种合适的、较为满意的职业。

（3）职业生涯初期（25~40岁）　其主要任务是：学习职业技术，提高工作能力；了解和学习组织纪律和规范，逐步适应工作，适应和融入组织；为未来的职业成功做好准备。

（4）职业生涯中期（40~55岁）　其主要任务是：重新评估早期职业生涯，强化或改变自己的职业理想，选定职业，努力工作，有所成就。

（5）职业生涯后期（55岁至退休）　其主要任务是：继续保持已有职业成就，维护尊严，准备引退。

2. 职业生涯成功

何为职业生涯成功？对不同的人来说，职业需求不同，职业目标各异，成功标准不一样。一般来说，个人职业生涯成功有以下几种情况：

1）个人的价值取向、能力、个人的特征与其所选择的职业相适合，且在这一职业岗位上工作得心应手、顺心顺利。

2）个人有自我职业目标，无论是初就业便一直在某种职业岗位上，还是历经坎坷，发生职业流动或转移，最终个人既定职业目标得以实现，就是一种职业成功。

3）在所从事的职业工作岗位上尽心尽力、尽职尽责，做出突出成绩，本人有一种自我满意感、成就感，或者得到组织、同事的认同，也是一种职业的成功。

4）勇于创新，取决于"另辟蹊径""不要总是顺着老路走，在没有路的地方去踏出一行新的脚印"。这样的人，必是有所建树、有所成就者，所以这也是个人职业的成功。

个人取得职业成功，其影响因素是多方面的，有企业的外部环境因素、内部环境因素；还有个人因素，如热忱的态度、目标明确与目标管理、谦虚好学、勤劳、爱岗敬业、擅于理财等。

每个人都是自己人生和事业的建筑师，每个人必须对自己的人生负责，必须对自己的事业负责。习近平总书记在十二届全国人大一次会议闭幕会上的讲话中指出："中国梦是民族的梦，也是每个中国人的梦。只要我们紧密团结，万众一心，为实现共同梦想而奋斗，实现梦想的力量就无比强大，我们每个人为实现自己梦想的努力就拥有广阔的空间。生活在我们伟大祖国和伟大时代的中国人民，共同享有人生出彩的机会，共同享有梦想成真的机会，共同享有同祖国和时代一起成长与进步的机会。有梦想，有机会，有奋斗，一切美好的东西都能够创造出来。"把自身价值体现与服务社会相结合，把个人梦、职业梦融入国家梦和民族梦，努力成为国家需要的合格建设者。

在职业生涯初始阶段为自己制订职业生涯规划，就是构筑自己的人生宏伟大厦的开始。职业生涯几十年，花上 6~10 小时时间，为自己做一份认真的、科学的职业生涯规划，这是非常值得的，也是非常必要的。

延伸阅读 1

关于"全国大学生职业生涯规划大赛"

为贯彻中共中央、国务院《关于深化教育体制机制改革的意见》，落实教育部办公厅《大学生职业发展与就业指导课程教学要求》，引导各高校学生正确步入职场，提高职业创新能力，教育部、各省教育厅及各高校都相应举办"大学生职业生涯规划大赛"或"大学生职业发展规划大赛"。下文以第十五届安徽省大学生职业规划设计大赛为例进行介绍。

第十五届安徽省大学生职业规划设计大赛
规划精彩人生 放飞青春梦想

主办：安徽省教育厅

承办：安徽省大中专毕业生就业指导中心、安徽省教育厅高校学生处
　　　　省内有关院校毕业生就业工作部门

参赛人群

省内各院校在校生均可以报名参赛。其中，往届大赛获奖的选手不再参加本次比赛。

赛事流程

大赛分设本科、高职两个组别，赛程包括初赛、半决赛、决赛三个阶段。

初赛由各参赛院校自行组织，时间为2021年3—9月。

半决赛由大赛承办单位分片（皖南、皖中、皖北）集中组织开展。其中，皖南片由安徽商贸职业技术学院承办、皖中片由安徽职业技术学院承办、皖北片由淮北职业技术学院承办。半决赛时间初定于9月25—26日举行。

决赛由安徽科技学院承办，初定于10月30—31日举行。半决赛、决赛举办时间、地点等事宜如有变化，另行通知。

奖项设置

1. 各半决赛赛区将分别按照本科、高职两个组别的参赛选手人数为基数（下同），以半决赛成绩由高往低排序，遴选50%的选手晋级决赛（以"进一法"取整，下同）。决赛再分别按照本科、高职两个组别参赛选手人数为基数，按照40%和60%的比例，择优决出一等奖、二等奖。从半决赛其他未晋级选手中，按照不高于90%的比例，择优评出三等奖。

2. 大赛将评选出院校"优秀组织奖"30个。

3. 大赛将举行颁奖仪式，颁发奖牌、证书。

（来源：安徽省中专毕业生就业信息网）

延伸阅读 2

习近平在北京大学师生座谈会上的讲话（节选）

同学们、老师们！

当代青年是同新时代共同前进的一代。我们面临的新时代，既是近代以来中华民族发展的最好时代，也是实现中华民族伟大复兴的最关键时代。广大青年既拥有广阔

发展空间，也承载着伟大时代使命。青年是国家的希望、民族的未来。我衷心希望每一个青年都成为社会主义建设者和接班人，不辱时代使命，不负人民期望。对广大青年来说，这是最大的人生际遇，也是最大的人生考验。

2014年我来北大同师生代表座谈时对广大青年提出了具有执着的信念、优良的品德、丰富的知识、过硬的本领这4点要求。借此机会，我再给广大青年提几点希望。

一是要爱国，忠于祖国，忠于人民。爱国，是人世间最深层、最持久的情感，是一个人立德之源、立功之本。孙中山先生说，做人最大的事情，"就是要知道怎么样爱国"。我们常讲，做人要有气节、要有人格。气节也好，人格也好，爱国是第一位的。我们是中华儿女，要了解中华民族历史，秉承中华文化基因，有民族自豪感和文化自信心。要时时想到国家，处处想到人民，做到"利于国者爱之，害于国者恶之"。爱国，不能停留在口号上，而是要把自己的理想同祖国的前途、把自己的人生同民族的命运紧密联系在一起，扎根人民，奉献国家。

二是要励志，立鸿鹄志，做奋斗者。苏轼说："古之立大事者，不惟有超世之才，亦必有坚忍不拔之志。"王守仁说："志不立，天下无可成之事。"可见，立志对一个人的一生具有多么重要的意义。广大青年要培养奋斗精神，做到理想坚定，信念执着，不怕困难，勇于开拓，顽强拼搏，永不气馁。幸福都是奋斗出来的，奋斗本身就是一种幸福。1939年5月，毛泽东同志在延安庆贺模范青年大会上说："中国的青年运动有很好的革命传统，这个传统就是'永久奋斗'。我们共产党是继承这个传统的，现在传下来了，以后更要继续传下去。"为实现中华民族伟大复兴的中国梦而奋斗，是我们人生难得的际遇。每个青年都应该珍惜这个伟大时代，做新时代的奋斗者。

三是要求真，求真学问，练真本领。"玉不琢，不成器；人不学，不知道。"知识是每个人成才的基石，在学习阶段一定要把基石打深、打牢。学习就必须求真学问，求真理、悟道理、明事理，不能满足于碎片化的信息、快餐化的知识。要通过学习知识，掌握事物发展规律，通晓天下道理，丰富学识，增长见识。人的潜力是无限的，只有在不断学习、不断实践中才能充分发掘出来。建设社会主义现代化强国，发展是第一要务，创新是第一动力，人才是第一资源。希望广大青年珍惜大好学习时光，求真学问，练真本领，更好为国争光、为民造福。

四是要力行，知行合一，做实干家。"纸上得来终觉浅，绝知此事要躬行。"学到的东西，不能停留在书本上，不能只装在脑袋里，而应该落实到行动上，做到知行合一、以知促行、以行求知，正所谓"知者行之始，行者知之成"。每一项事业，不论大小，都是靠脚踏实地、一点一滴干出来的。"道虽迩，不行不至；事虽小，不为不成。"这是永恒的道理。做人做事，最怕的就是只说不做，眼高手低。不论学习还是工作，都要面向实际、深入实践，实践出真知；都要严谨务实，一分耕耘一分收获，苦干实干。广大青年要努力成为有理想、有学问、有才干的实干家，在新时代干出一番事业。我在长期工作中最深切的体会就是：社会主义是干出来的。

同学们、老师们！

辛弃疾在一首词中写道："乘风好去，长空万里，直下看山河。"我说过："中国梦是历史的、现实的，也是未来的；是我们这一代的，更是青年一代的。中华民族伟大复兴的中国梦终将在一代代青年的接力奋斗中变为现实。"新时代青年要乘新时代春风，在祖国的万里长空放飞青春梦想，以社会主义建设者和接班人的使命担当，为全面建成小康社会、全面建设社会主义现代化强国而努力奋斗，让中华民族伟大复兴在我们的奋斗中梦想成真！

（来源：新华网）

课堂活动与课后思考三

1. 什么是职业生涯？
2. 大学生为什么要进行职业生涯规划？
3. 谈谈职业生涯开发的意义。
4. 怎样看待职业生涯成功？
5. 在分析自身条件和社会环境的基础上设计一份职业生涯规划（规划可以用文字形式，也可用表格形式，表 3-1 可供参考）。

表 3-1　职业生涯规划表

姓名		性别		年龄		政治面貌	
所学专业				职业意向			
个人因素分析							
环境因素分析							
职业生涯目标	人生目标						
	长期目标						
	中期目标						
	短期目标						
在校学习规划与措施							
中期规划与措施							
长期规划与措施							
人生规划与方案							
备注							

6. 测测你的自制力。下列题目中，每题有4个备选答案，根据你的实际情况，选择一个最适合你的答案。

1）当一个你不认识的人对你十分怠慢时，你最可能的反应是：
    A. 内心的愤懑很久不能平静　　　　B. 立即大发雷霆
    C. 耸耸肩，毫不在乎　　　　　　　D. 怀恨在心，伺机报复

2）你原以为过半小时就可以获得一个重要的东西，但事实上你已经等了近两个小时还未得到。你的反应是：
    A. 烦恼、发怒，但很快就忘却　　　B. 只不过发些牢骚
    C. 大发雷霆，大闹一场　　　　　　D. 长时间耐心等待或无可奈何地放弃

3）当你遇见一位非常吸引人的异性时，你幻想双方都一见钟情，你最可能的反应是：
    A. 非常谨慎，不想卷入感情的风波中　　B. 态度不明确，保持中立
    C. 感情奔放，过分热情　　　　　　　　D. 满怀希望地做出冒险的行为

4）我们每个人都会遇到一些不能忍受的事，在你能迅速回忆起来的这类事情中，哪项最能激怒你：
    A. 别人的愚笨
    B. 别人的拖拉作风、疑心重重和优柔寡断
    C. 别人的不可靠行为、不愿助人的态度
    D. 别人的某些其他行为

5）你必须减轻体重、减少抽烟等，因为你认识到这样做对人对己都有好处，你决定这样做了，结果：
    A. 一开始就彻底失败
    B. 虽有良好的开端，但虎头蛇尾
    C. 起初效果不理想，但经过长期努力，还是取得了一定成效
    D. 按预定的方法去做，结果很快就成功了

6）你一个人在家里做了些无关紧要又很蠢的事，但无人可责怪，只好自己恨自己。你会：
    A. 大声咒骂几句，然后自我感觉良好
    B. 为此事唠叨个没完，总是记在心上
    C. 流露出烦恼情绪，然后做些其他事，把这些事忘掉
    D. 大骂自己一顿，但最终还是平静下来不间断地责怪自己

7）不管是什么原因，你与别人发生了一点儿小的冲突，对方用武力触犯了你，你的反应是：
    A. 用言语表示抗议　　　　　　　　B. 以牙还牙
    C. 强有力地还击　　　　　　　　　D. 尽可能不予理睬

8）你最不喜欢别人说你：
    A. 不诚实，不正直　　　　　　　　B. 冷酷无情

C. 精神失常　　　　　　　　　　　　D. 缺乏自信、无主见，容易被别人所左右

9）你已经很长时间希望自己能获得一些成功，并做了极大的努力，但最终却一事无成。你认为应该：

A. 干脆放弃这种愿望　　　　　　　　B. 重新振作精神，继续努力争取

C. 感到失望，但情绪基本稳定　　　　D. 比以前更玩世不恭

10）当你观察你所了解的其他人时，你认为他们中绝大部分人的主要特点是：

A. 缺乏持久性和恒心

B. 缺乏实现愿望的能力，不能把握成功的机会

C. 头脑简单，知识贫乏

D. 没有运气

11）当你出乎意料地成为别人取笑的对象时，你会：

A. 内心发怒，但脸上仍露出笑容　　　B. 努力辩解和解释

C. 流露出烦恼情绪　　　　　　　　　D. 毫不计较，只是一笑了之

12）你认为以下哪一点最能损害一个人的形象？

A. 放纵自己　　　　　　　　　　　　B. 对别人的感情和需要漠不关心

C. 对人冷漠　　　　　　　　　　　　D. 缺乏魄力、雄心

下面，请依据表 3-2 进行评分。

表 3-2　评分

	1	2	3	4	5	6	7	8	9	10	11	12
A	6	5	9	9	1	8	8	5	2	7	8	10
B	3	7	10	7	6	4	3	4	10	10	5	4
C	10	1	4	5	9	10	1	8	10	5	2	8
D	2	10	0	10	10	6	10	10	9	0	10	6
总计												

若 100 分以上：说明你有坚强的意志，自制力很强，但应该掌握分寸，不要让别人觉得讨厌。

若 80~99 分：说明你的自制力强于一般人，但这绝不是感情冷漠，而是一种好的品质类型。

若 50~79 分：说明你的自制力需要稍微再强一些，要经过努力才能达到上述品质。

若 49 分以下：很遗憾，你几乎没有自制力，必须加倍努力改进自己。

7. 这里设计了一组测试指标，你不妨试试，自测一下你的情商有多高。请对下列问题回答"是"或"否"。

1）对自己的性格类型有比较清晰的了解。

2）知道自己在什么样的情况下容易发生情绪波动。

3）懂得从他人的言谈与表情中发现自己的情绪变化。
4）有反思习惯。
5）遇事三思而后行，不赞同"跟着感觉走"。
6）遇有不顺心的事能够抑制自己的烦恼。
7）遇到意想不到的突发事件，能够冷静应对。
8）受到挫折或委屈，能够保持能屈能伸的乐观心态。
9）出现感情冲动或发怒时，能够较快地"自我熄火"。
10）听到批评意见包括与实际情况不符的意见时，没有耿耿于怀。
11）在人生道路上拼搏时，相信自己能够成功。
12）决定要做的事不轻言放弃。
13）工作或学习上遇到困难，能够自我鼓励克服困难。
14）相信"失败乃成功之母"。
15）办事出了差错能自己总结经验教训，不怨天尤人。
16）对同学、同事们的脾气性格有一定的了解。
17）经常留意自己周围人的情绪变化。
18）与人交往知道要了解和尊重他人的情感。
19）能够说出亲人和朋友各自的一些优点和长处。
20）不认为参加社交活动是浪费时间。
21）没有不愿同他人合作的心态。
22）见到他人的进步和成就没有不高兴的心情。
23）与人共事懂得不能"争功于己，诿过于人"。
24）朋友相处能够"严于律己，宽以待人"。
25）知道失信和欺骗是友谊的大敌。

上述25道题，测量的是情商所包含的5个方面的内容：① 认知自身的情绪；② 控制自身的情绪；③ 自我激励；④ 了解他人的情绪；⑤ 人际关系管理。

如果你在第1~4题中答"是"达3个以上，则表明你对自身的情绪有较高的认知。

如果你在第5~10题中答"是"达到4个以上，则表明你对自身的情绪有较高的控制力。

如果你在第11~15题中答"是"达4个以上，则表明你善于自我激励。

如果你在第16~18题中答"是"达2个以上，则表明你能够了解他人的情绪。

如果你在第19~25题中答"是"达5个以上，则表明你擅长人际关系管理。

25道题中答"是"达到20个以上者属高情商，答"是"在14~19个之间者情商属中等，答"是"在13个以下者情商则偏低。

倘若发现你的情商偏低，也无须恐惧，只要找准缺点，有针对性地加强自我修养和锻炼，是可以提高情商的。

第四课　职业素质养成及专业学习

 一、素质及职业素质

1. 人的素质

素质是人在生理遗传因素的基础上，通过教育和环境的影响而形成和培养起来的相对稳定的内在的基本品质。生理遗传因素是后天基本品质形成的载体。教育包括家庭教育、学校教育和社会教育。环境主要是指社会环境和自然环境。

根据素质形成和发展过程的由低级到高级的层次性，可以把素质划分为：生理素质、心理素质和社会文化素质三个层面。

（1）**生理素质**　生理素质是指人的生理机能特征，是人的整体素质发展的基础层次，它决定个体素质发展的潜在可能性。

（2）**心理素质**　心理素质是一个人的遗传素质和人类在历史发展过程中所创造的文明成果相互作用、内化的结果，它是人与外部世界相互联系、相互作用的中介。心理素质既是在生理素质的基础上发展起来的，又影响着社会文化素质的内化，它是由此及彼地连接两者的桥梁。

（3）**社会文化素质**　社会文化素质是指人在特定的社会生活环境中，通过学习、教育所具备的与该社会发展要求相一致的属性。

它可细分为思想政治素质、科学文化素质、道德素质、审美素质以及内潜素质（沉淀在心理的文化潜在意识）与外显素质（外部表现出来的从事各项社会实践活动的能力）

等，它们既相互作用，又相互影响。

心理素质、生理素质和社会文化素质在人的整体素质中处于不同的发展层次，人的生理素质相当于动力系统，心理素质相当于平衡系统，社会文化素质相当于控制系统。这三者相互渗透，相互促进，相互制约，但不可相互替代，共同构成人的素质的完整图景，如图 4-1 所示。人的素质正是在这样一种相互制约、相互作用、循环往复中不断得到完善与提高。

图 4-1　素质的三个层面

2. 职业素质

职业素质是指劳动者在生理和心理条件的基础上，通过专业（职业）教育（培训）、职业实践和自我完善等途径而形成和发展起来的，在职业活动中起着重要作用的内在基本品质。

不同职业对从事人员的专业知识和技能有着特定的要求。例如，作家对生活要有敏锐的感受力和较强的语言表达能力等；工程技术人员要有研究精神以及文字、图表的交流表达能力等；从事产品销售职业者须有较强的公关能力、市场分析能力等。所以专业知识和专业技能是职业素质中最具特色的内容。

劳动者的职业素质具有 5 个方面的特性：专业性、稳定性、内在性、整体性和发展性。

（1）职业素质的专业性　职业素质的专业性是指劳动者一般都具有一定的专门的业务能力。高等职业教育的专业都有培养目标，其中业务要求和专业能力是培养目标的重要内容。培养目标告诉学生毕业后将会从事什么样的专业性工作，所以要抓紧在校的学习机会，努力提高自己的专业能力。

（2）职业素质的稳定性　职业素质的稳定性是指劳动者的职业素质一经形成，便会在其职业活动中稳定地表现出来。例如，一个具有良好职业素质的技术工人，那种吃苦耐劳、爱岗敬业的精神就会稳定地表现出来；一个优秀的营销人员，其娴熟的业务水平、诚实守信的品格，无论在哪儿都会稳定地表现出来。

（3）职业素质的内在性　职业素质的内在性是指人们在对所从事职业的业务要求和专业知识的内在表现。它一经形成就以潜能的形式存在，而在职业活动中就会充分呈现出来，职业活动是职业素质外在的桥梁。

（4）职业素质的整体性　职业素质的整体性是指劳动者的业务知识、专业能力和其他良好品质在职业活动中的综合表现。一个人要取得职业生涯的成功，不仅要具备必要的知识、技能，还要具有坚定的信念、社会责任感及良好的自我控制能力和抗挫折能力等。

（5）职业素质的发展性　职业素质的发展性是指随着社会发展和科学技术的进步，不同的社会历史发展时期对劳动者的职业素质有不同的要求。因此，劳动者必须从时代发展的需要出发，不断地提高和完善自身的职业素质，反之，如果一个劳动者不具备符合时代要求的职业素质，就可能失业。

二、职业素质的构成

职业素质由 5 个方面构成：思想政治素质、职业道德素质、科学文化素质、专业技能素质和身心素质。

1. 思想政治素质

思想政治素质是职业素质的灵魂，对其他素质起统帅作用，规定着其他素质的性质和方向。

习近平在全国高校思想政治工作会议上强调，要教育引导学生正确认识世界和中国发展大势，从我们党探索中国特色社会主义历史发展和伟大实践中，认识和把握人类社会发展的历史必然性，认识和把握中国特色社会主义的历史必然性，不断树立为共产主义远大理想和中国特色社会主义共同理想而奋斗的信念和信心；正确认识中国特色和国际比较，全面客观认识当代中国、看待外部世界；正确认识时代责任和历史使命，用中国梦激扬青春梦，为学生点亮理想的灯、照亮前行的路，激励学生自觉把个人的理想追求融入国家和民族的事业中，勇做走在时代前列的奋进者、开拓者；正确认识远大抱负和脚踏实地，珍惜韶华、脚踏实地，把远大抱负落实到实际行动中，让勤奋学习成为青春飞扬的动力，让增长本领成为青春搏击的能量。

2. 职业道德素质

职业道德是社会道德的有机组成部分，是社会道德原则和道德规范在职业生活中的具体表现。它包括职业态度、职业道德修养水平等。

职业道德是一个历史范畴。社会主义职业道德规范的具体要求是：诚实守信，办事公道，爱岗敬业，服务群众，奉献社会。其中，爱岗敬业是职业道德的核心和基础，诚实守信、办事公道是职业道德的重要准则，服务群众、奉献社会是职业道德的灵魂。

劳动者应把职业道德规范内化为自己的信念，在职业活动中自觉地去遵守。一个人只有具备一定的道德修养，才能在职业活动中刻苦地钻研业务，提高技能，注意产品质量和服务质量，讲究信誉，忠实地履行岗位职责。

3. 科学文化素质

科学文化素质是指人们对自然、社会、科学知识等人类文化成果的认识和掌握的程度。它包括科学精神、求知欲望和创新意识。

科学精神就是从实际出发，按事物发展规律办事，不迷信，不盲从，不附和，以客观事实为依据，服从真理，概括地说就是实事求是。同学们在学习科学知识、进行实验研究时要一丝不苟，精益求精。现代科学研究需要依靠集体的力量，它要求参与者具有团结协作、严守纪律、严肃认真和执着追求的工作态度，我们在学习和工作过程应注意对这种精神的培养。

科学技术是第一生产力。科学知识是最宝贵的资源,是治理自然及社会各种问题的依据。我们应激发自身对科学的兴趣,努力学习科学文化知识,向书本学,在实践中学,并善于在实践中发现问题。

科学文化素质不仅影响着人的生活质量,也影响、改变着人的思想观念和价值标准。科学文化素质是职业素质的基础。如果不具备一定的科学文化知识和合理的专业知识结构,就不可能拥有过硬的职业素质。

4. 专业技能素质

专业技能素质是指人们从事某种职业时,在专业知识和专业技能方面所表现出来的状况与水平。

专业知识是建立在科学文化知识基础之上的与从事的职业密切相关的知识,必须通过专业学习和职业活动来获得。高职高专院校是培养技能型专门人才的,无论什么专业都会开设专业基础课和专业技术课,使学生掌握专业知识。

专业技能是在领会专业知识的基础上,经过专业学习过程中的实践训练和职业实践而逐步获得的。

一个人的专业技能素质越强,在职业生涯中所发挥的作用就越显著,创造力也就越强。

5. 身心素质

身心素质包括身体素质和心理素质。身心素质是从事职业活动的重要条件,是成就事业的基础。所以,在校期间要积极参加各项有益于身心健康发展的体育锻炼和社会活动,不断提高自己的身心素质。当今社会生活节奏快,工作压力大,特别要注意培养健康的情感和坚强的意志。积极健康的情感使人思路开阔、思维敏捷,有利于人们适应社会;意志是人类所特有的心理现象,坚强的意志是成就事业的必不可少的因素。

职业素质是一个有机系统的整体。科学文化素质是基础,专业技能素质是本领,身心素质是支柱,思想政治素质、职业道德素质是灵魂和保证。因此,应该珍惜学校的学习生活,努力学习,积极参加各项有益的活动,在增长科学文化知识的过程中提升思想政治素质,知行合一,德才并进,和谐成长,为职业生涯的成功奠定基础。

三、努力提高职业素质

1. 提高职业素质的意义

提高职业素质有利于促进人的全面发展。人的一生大部分时间是在职业活动中度过的,职业素质的形成过程就是以专业知识和专业技能为核心的社会文化素质、心理素质和身体素质的整合过程。良好的职业素质有助于促进人的全面发展,促进自身的不断完善。

提高职业素质有利于提高劳动生产率。劳动者的职业素质将影响企业的产品数量和质量，劳动者的职业素质越高，就越能提高劳动生产率。

提高职业素质有利于推动社会发展和科技进步。只有拥有数以万计的高素质的人才，科技才能进步，国家才能繁荣昌盛，社会才能全面发展。

2. 提高职业素质的途径与方法

高等院校的素质教育贯穿在整个教学活动之中，学生从走进校园的第一天起就要重视自己的素质培养和提高。表4-1列出了某学院开展的素质教育系列活动与培养目标，供参考。

表 4-1 某学院开展的素质教育系列活动与培养目标

年级	素质教育系列活动	培养目标
一年级	1）入学教育：校纪校规教育、行为规范教育、自我保护教育 2）军训：国防教育、队列训练、团队精神教育 3）政治课和政治学习：主题班会、民主选举班干部 4）抓早操、课间操、晚自习 5）职业讲座，简单礼仪培训，心理健康讲座，职业生涯规划讲座 6）开展各种文体活动：新生拔河、球类比赛、青春歌手赛、演讲朗诵比赛、主持人培训等 7）开展5月18日成人宣誓系列活动 8）开展"节水、节电、节粮、节能"活动，加强环境保护和勤俭节约教育 9）组织相应实践活动：公益劳动 10）文化课教育与专业基础课教育	1）适应新环境，增强生活自理能力 2）了解并自觉遵守校纪校规，养成良好的文明行为习惯 3）了解高等职业教育的性质与培养目标，稳定情绪，建立专业思想，明确学习目的，端正学习态度 4）热爱集体，增强集体荣誉感，培养团队精神，努力建立和谐的人际关系 5）基本树立正确的人生观，正确理解和履行公民的权利和义务 6）提高身心素质，养成锻炼身体的好习惯，掌握科学的运动方式 7）提高科学文化素质 8）增强劳动观念，提高社会实践能力
二年级	1）继续抓常规教育：校纪校规（以案例为主）、早锻炼、晚自习 2）开展网络安全教育 3）开展政治课和政治学习、主题班会等 4）抓专业基础课、专业课学习，抓实践实训学习 5）开办第二专业，举办美育讲座 6）开办业余党校、礼仪学校 7）组织"1+1"助学活动 8）开展创新教育（组织小制作、小发明等活动） 9）举办主持人大赛、青春风采大赛、摄影大赛等活动 10）开展热爱家乡、建设家乡系列活动	1）养成良好的生活习惯 2）具备安全防范意识 3）具备基本的礼仪知识 4）培养良好的职业道德 5）努力提高科学文化素质和专业技能素质 6）掌握多方面的知识，成为复合型人才 7）培养了解美、欣赏美、评价美的意识 8）培养创新精神和创新意识
三年级	1）组织相应职业资格考试 2）组织好专业课和专业实践教学（产、学、研结合），顶岗实习，举办技能操作竞赛等 3）做好毕业生就业指导工作：就业政策、择业观、应聘、考试技巧等 4）创业教育：创业意识、创业者基本素质、创业流程 5）毕业教育：文明离校，举办"今天我以母校为荣，明天母校以我为荣"座谈会	1）培养较强的自我教育、自我管理能力，能正确、科学地自我评价 2）有较强的安全意识、社交能力、自我表达能力，有一定的组织能力 3）具有运用综合知识分析、解决问题的能力，获取并正确分析信息的能力 4）具有创业意识和创业精神 5）全面提高职业素质 6）增强社会参与意识和社会责任感

市场经济带给人们的不仅是个性发展的自由，更多的是竞争激烈的生活环境带来的生存压力。只有根据市场经济的要求调整和充实自己，不断提高自身素质，提高自己谋生的本领，才能更好地生存和发展。

四、职业与专业学习

（一）专业设置

2021年3月22日，教育部印发《职业教育专业目录（2021年）》（以下简称《目录》）。新版《目录》按照"十四五"国家经济社会发展和2035年远景目标对职业教育的要求，在科学分析产业、职业、岗位、专业关系基础上，对接现代产业体系，服务产业基础高级化、产业链现代化，统一采用专业大类、专业类、专业三级分类，一体化设计中等职业教育、高等职业教育专科、高等职业教育本科不同层次专业，共设置19个专业大类、97个专业类、1349个专业，其中中职专业358个、高职专科专业744个、高职本科专业247个。

专业目录是职业教育的基础性教学指导文件，是职业教育国家教学标准体系和教师教材教法改革的龙头，是职业院校专业设置、用人单位选用毕业生的基本依据，也是职业教育支撑服务经济社会发展的重要观测点。此前的职业教育专业目录是分别编制的，其中中等职业教育专业目录是2010年修订的，高等职业教育专科专业目录是2015年修订的，高等职业教育本科试点专业是根据试点需要于2019年、2020年分别设置。此前的目录在引导院校专业设置和人才培养方面发挥了重要基础性作用，同时随着形势发展也存在与经济社会发展不相适应的地方。

随着我国进入新发展阶段，实现职业教育高质量发展，对优化专业设置、推动专业升级和数字化改造提出新的更高要求。

一是《国家职业教育改革实施方案》（以下简称职教20条）要求专业目录五年一大修、每年动态更新，2020年是对目录进行大修的时间节点。

二是构建服务全民终身学习的教育体系，迫切需要一体化设计中职、高职专科、高职本科专业目录，使各层次技术技能人才培养目标更加明晰，教学内容、评价等相互衔接。

三是提高职业教育适应性，迫切需要主动对接"十四五"规划并面向2035年进行前瞻性布局，以系统思维推进专业升级与数字化改造。

（二）专业学习的重要性

在现代社会里，一个人不经过专业学习，不掌握一定的专业知识和技能，就很难就业，更谈不上实现职业理想。因此，对每个学生来说抓住在校学习的机会，积极完成学业，对实现职业生涯规划具有重要的意义。

（1）**学好专业是顺利就业的必备条件**　扎实的专业知识和技能是就业从业的必备条件。因为无论在什么岗位上，没有一定的专业知识和专业技能，都无法履行岗位职责、完成工作任务。设想若学习机械专业的毕业生看不懂图样,不会使用量具;学习电气专业的毕业生不会使用仪器、仪表,看不懂电气设备图,又怎么能胜任工作呢?在就业竞争日趋激烈的形势下,只有具备扎实的专业知识和过硬的专业技能,才能在就业竞争中占有优势,为顺利就业创造有利条件。

(2)学好专业是实现职业生涯目标的基础　只有完成学业,学好所学的专业,才能找到与专业对应的职业,并在职业舞台上灵活运用专业知识,充分发挥专业特长,出色完成工作任务,提高工作效率。这些正是一个人职业生涯发展的基础,也是实现职业生涯目标的基础。

(三)专业与职业的对应关系

1. 职业岗位群

由于社会分工,人们从事着不同的职业。在不同的产业、行业领域中,有成千上万种不同的职业;学校所设置的专业是学业分类,它是从学科与技术的角度进行划分的。所以,专业和职业既有区别,又密切相连。

一个具体的专业,它与职业的对应关系可以是一个职业岗位,但更多的情况是,一个专业对应的是一个职业岗位群(或职业领域)。职业岗位群一般由工作内容、社会作用、基本技能要求相近,从业者所应该具备的素质接近的若干个职业岗位构成。例如,机械设计与制造专业,毕业生所对应的职业领域有:机械设计、加工工艺制定、工艺装备设计、CAD/CAM等工程软件应用、数控编程、数控机床操作及技术管理等;电气自动化技术专业毕业生的就业方向是:电气自动化系统的安装、调试、改造及技术管理,变配电系统设备的运行、维修、安装、调试及部分设计工作,工业自动化系统营销等;计算机应用技术专业毕业生的就业岗位群有:企业、商贸、财经、金融、党政团体等单位的计算机维护与修理,数据库编程、网络设备安装与使用,多媒体制作,计算机营销等。

不管什么专业,学校在制定专业教学计划时都要明确该专业毕业生的就业方向(或职业岗位群)。

2. 增强职业意识

高等职业院校是培养与社会现代化建设要求相适应的高素质职业技术型人才的摇篮。学生在高等职业院校经过专业学习和训练,完成学业后,就会选择职业进入企业、公司。所以,在校学习期间,就应该增强职业素质,熟悉与自己所学专业对应的职业群,关心这些职业或职业群的变化情况;了解与自己所学专业相关以及所需要的职业资格证书如何取得。

五、综合能力的培养

1. 职业层次

人们除了根据自己的能力确定自己的工作类型外,还应该根据自己的能力,决定自己从事哪个层次的工作，以达到人尽其才。一般把职业按照所要求的能力和责任度分为以下 6 个层次。

（1）非技能性工作　这种层次工作简单、普通，不要求独立的决策和创造能力。

（2）半技能性工作　要求在有限的工作范围里具有一些基本的技能和知识，或具备一定程度的操作能力。

（3）技能性工作　要求具备熟练的技术、专门的知识和判断力。

（4）半专业性和管理性工作　要求具备一定专门知识或判断力，这种工作要承担低程度的监督他人的责任。

（5）专业性工作　要求具备大量的知识和判断力，这种工作具有一定的责任和自主权。

（6）高级专业性和管理性工作　这种工作要求具有高水平的知识、智力和自主性，承担更多的决策和监督他人的责任。

2. 提高综合能力，适应职业层次的要求

综合能力培养是高职教育的核心目标。高职毕业生的能力结构包括操作能力、认知能力、表达能力和综合适应能力。

操作能力是指履行岗位职责的动手能力，要求掌握应知应会的职业技术规范及任职上岗需要的职业技能。

认知能力是指选择并快速获取知识与信息的能力、观察判断事物和临场应变能力、运用知识进行技术分析和解决实际问题的能力、进行技术革新和设计发明的创新能力等。

表达能力是指语言表达、文字表达、数理统计和运用展示图表的能力。

综合适应能力主要是指组织管理能力、自我发展能力和业务交往及社会交际的能力等。

高职毕业生的能力结构的特点是以应用为目的，突出理论技术和智力技能，辅之以经验、技术和操作技能。要以适应职业岗位（群）为目标加强智力技能训练，注重技术能力培养，使学生具有获取知识和运用知识的实际能力和与之相应的方法技巧，并在此基础上培养学生的创新精神，提高学生的创新能力，鼓励个性发展。

无论什么专业，学校在制订教学计划时都会围绕其培养目标和综合能力，并安排相应的教育教学活动，一般有理论教学、实践教学（实验、实训）、素质教育活动、课程设计、毕业设计等。同学们应该积极完成每项教育教学内容和各项活动，努力提高自身的综合能力，以适应相应的职业层次。

延伸阅读 1

聘或不聘，综合素质是关键

深圳，毕业生春季"双选会"暨专业人才交流会 6000 个职位迎来全国各地 6 万学子应聘，供需见面，双向选择，招聘现场人头攒动，应聘者留下了众多的个人简历和应聘资料。

600家用人单位进场招贤纳士，它们是深圳和周边地区的高新技术（项目）企业、金融机构、外商投资企业、股份制企业和民营企业，多数为用人需求大户，如康佳、TCL、深圳航空有限公司、三九制药、中航企业集团、交通银行等。招聘的职位大多集中在财经类、理工类和深圳地区社会经济发展急需的一些专业上。

招聘者十里挑一，职位竞争十分激烈。企业需要什么样的人？企业依据什么标准选人？除了第一道门槛——学历过线、专业对口等基本的硬件外，用人方主要选的是应聘者的综合素质。

笔者对资料中87家招聘方提出的综合素质条件进行统计。按每个岗位提出1项算1次，逐项统计，得出总数1167项次，并按"职业道德与态度""能力要求"两大类分列13项，其中综合素质"团队合作""责任心""吃苦耐劳"分别排在"职业道德与态度"的前三位；"沟通能力""外语能力"和"信息处理（计算机应用）能力"分别排在"能力要求"的前三位。该份资料中招聘的职位（群）共有12个，可归并成生产类（包括"一般职位""技术职位""研发设计"）、服务类（包括"客户服务""销售贸易""财务""文秘""律师""翻译""策划师"）和管理类（包括"项目经理""行政管理""储备干部"）三大类职位，各大类职位招聘方的素质要求见表4-2。

表4-2 职位招聘方的素质要求

类别	素质条件项	分类项、次数		
		生产类	服务类	管理类
职业道德与态度	团队合作精神、亲和力、性格随和开朗、乐意与人交往	34	45	55
	责任心、事业心、敬业精神、积极主动、细心肯干、认真细致	32	51	34
	适应能力强、承受一定工作压力、吃苦耐劳	28	32	39
	正直、诚信、为人踏实、忠诚	10	23	20
	不断超越、勇于挑战、追求卓越、进取、自信、乐观向上	5	9	9
	工作谨慎、自律、组织纪律性强	4	2	2
能力要求	沟通能力、言谈写作、表达能力	39	117	71
	外语能力	54	78	62
	信息处理（计算机应用）能力	38	49	19
	分析解决问题能力、策划能力、思维敏捷、逻辑判断能力	18	35	32
	组织协调能力	4	23	33
	创新能力、有创意、开发能力	10	9	10
	学习能力、领悟力、乐于学习	14	10	8

从表 4-2 可以看出，在"职业道德与态度"素质方面，六项素质要求在三大类职位的列序基本一致。在"能力要求"方面，"沟通能力"和"外语能力"（作为沟通工具）要求在三大类职位中居前列，在生产类职位的要求中，由于主要为"研发设计"和"技术岗位"，"外语能力"要求提出的项次高于"沟通能力"；"信息处理（计算机应用）能力"在生产类、服务类职位的要求中居第三位，而在管理类职位的要求中却排在"分析解决问题能力"和"组织协调能力"之后，居第六位，这与岗位要求特点一致。

（来源：《中国教育报》）

延伸阅读 2

树立核心价值观要在勤学上下功夫

广大青年树立和培育社会主义核心价值观，要在勤学上下苦功夫。这句话精辟地指明了勤学与树立社会主义核心价值观之间的内在联系，广大青年和教育工作者要深刻领会这一重要论述，躬行实践，求得真学问。

知识是树立核心价值观的重要基础，勤学是树立核心价值观的重要途径。知识是智慧的源泉。儒家经典《论语》开篇即论"学而时习之，不亦说乎"。一个人只有勤于学习，驾一叶扁舟畅游知识的海洋，如蜜蜂广采百花酿成甜蜜一样，在丰富知识、深厚学养的基础上，才能形成明辨是非的能力、拥有坚持人生方向的定力，进而牢牢树立起社会主义核心价值观。青春是人生最美好的时光，大学是求知最理想的殿堂。广大青年要珍惜大好年华，把更多时间用在博览群书、阅读经典上，把更多的精力放在攀登知识高峰、追求人生真理上。热烈拥抱真善美的青春，孜孜不倦以求知为乐的大学生活，才是送给人生最美好的礼物。

为学贵在勤奋、贵在钻研、贵在有恒。一个人世界观、人生观、价值观的形成，不可能是一日之功，要靠长期的学习、体验、思考。求知也是如此，只有持之以恒、日积月累，方能学有所成。青年人的最大特点是有活力、充满热情，对未来满怀美好的想象、期待，常常因此热血沸腾。但我们既要仰望星空，也要脚踏实地；既要有"指点江山，激扬文字"的青春豪情，更要有"上穷碧落下黄泉"的求知韧劲。学品即人品，有什么样的为学求知态度，就有什么样的人生品格。大学生是民族、国家的未来，要自觉肩负起时代的使命，勤奋学习，以高洁的学品涵养高尚的人品，以良好的学风锻造做人的风格。

青年既要敏于求知，又要学会担当责任。读书是为了明理，学习是为了致用。"大学之道，在明明德，在亲民，在止于至善。"学习的一个重要目标，就在于经世致用和人格的完善。如果把为学求知与社会责任割裂开来，甚至以读书的名义拒绝社会责任的担当，那么就容易死读书、读死书。学习知识贵在"活"，联系实际，勤于思考，把书读活。唯有如此，所读所学才会内化于心，形成自己的见解，死的知识才会变成活的思想。处于伟大变革时代的青年，个人的人生价值追求、为学求知的目标，应该自觉与时代潮流、民族命运联结起来。新时代的青年，不能只关心个人的小天地，而要"家事国事天下事，事事关心"，做一个有远大理想、胸怀天下、勇担责任的大写的人。

学以增智，学以怡情，学以养德。树立和培育社会主义核心价值观，需要广大青年和教育工作者勤奋学习、终身学习，在孜孜不倦的求知中陶冶、锤炼高尚的品德，把求真与行善统一起来，自觉做社会主义核心价值观的践行者、示范者。

（来源：《中国教育报》）

课堂活动与课后思考四

1. 职业素质有哪些特征？
2. 试叙述职业素质的构成及相互关系。
3. "聘或不聘，综合素质是关键"，这句话说明了什么？
4. 根据自己的情况分析自己的不足之处，制订提高自身职业素质的计划。
5. 专业设置的依据是什么？
6. 为什么要学习专业？
7. 高职毕业生能胜任哪几个层次的职业？

第五课 职业教育与职业技能

一、"中国制造"需要技能人才

当前，我国正由制造大国向制造强国转变。"中国制造2025"主要的一个目标就是中国的制造业由大变强，由制造业大国变成制造业强国。这迫切需要大批技艺精湛的高技能人才。

从未来的生产方式上看，将来智能制造是整个工业发展的核心，绿色化、服务化将成为制造业发展的趋势，从组织方式上看，内部组织扁平化和资源配置全球化将成为未来制造业竞争力新的途径。未来工业生产的特征也会发生变化，产品由趋同转向个性，在智能制造的背景下每个生产者都由集中向分散转变，不再是设备生产线上简单的操作工，他们不仅仅是设备的生产者，同时也是智能设备的管理者，这样对人才就有新的要求。

实践证明，技能型劳动者数量和质量是先进制造业竞争的最重要因素，培养高素质劳动力队伍是建设制造强国的根本。如何建立健全科学合理的选人、用人、育人机制，加快培养制造业发展急需的大国工匠，建设具有一丝不苟、精益求精"工匠精神"的高技能人才队伍，是摆在我们面前的一项重要而紧迫的任务。

质量是企业生存的根本。从国家战略来说，要实现"产业迈向中高端水平，先进制造业加快发展"，就必须培养更多的技能人才。目前，我国企业产品之所以质量不稳定，归根结底是因为技能人才队伍不够强大。从原料生产到制作加工环环相扣，一个工序出问题就会满盘皆输。如今，我国已有数百种工业品产量居世界第一，成为名副其实的制造业大国。然而，在全球市场上，谈起"品质""质量"，很少有人把"中国制造"排在前头。"中国制造"产量大，附加值偏低，产品主要集中在中低端市场，叫得响的国际品牌还不多。究其原因，就是"金蓝领"人数太少，企业缺乏工匠精神。

二、职业教育与技能人才的培养

我国高技能人才总量不足、结构问题突出、人才断档现象严重，与世界先进水平差距较大，与经济社会发展需要不相适应。

人才是建设制造强国的根本，缺乏高技能操作人才，即使有创意极好的设计与想法，也难以转化为产品。制造业要发展，需要大力发展职业教育，培养大量经过技能培训的高素质人才，而培养生产一线高技能操作人才是一项中长期的战略任务。

图 5-1　准毕业生顶岗实习

职业教育是为制造业等实体经济培养、输送技术技能人才的主渠道和主阵地，如图 5-1 所示。

因此，未来的技术人才要有良好的职业道德、工匠精神；要有扎实的基本功和基本的学习能力；应该是复合型人才，具有迅速解决生产现场实际问题的能力；要有良好的合作、沟通能力；要具有国际视野，要具有跨国交流的能力。

国务院印发的《国家职业教育改革实施方案》国发〔2019〕4号（以下简称《方案》）指出，要坚持以习近平新时代中国特色社会主义思想为指导，把职业教育摆在教育改革创新和经济社会发展中更加突出的位置。《方案》指出，随着我国进入新的发展阶段，产业升级和经济结构调整不断加快，各行各业对技术技能人才的需求越来越紧迫，职业教育重要地位和作用越来越凸显。《方案》的总体要求与目标是，经过 5—10 年左右时间，职业教育基本完成由政府举办为主向政府统筹管理、社会多元办学的格局转变，由追求规模扩张向提高质量转变，由参照普通教育办学模式向企业社会参与、专业特色鲜明的类型教育转变，大幅提升新时代职业教育现代化水平，为促进经济社会发展和提高国家竞争力提供优质人才资源支撑。《方案》指出，"启动 1+X 证书制度试点工作"："深化复合型技术技能人才培养培训模式改革，借鉴国际职业教育培训普遍做法，制订工作方案和具体管理办法，启动 1+X 证书制度试点工作。试点工作要进一步发挥好学历证书作用，夯实学生可持续发展基础，鼓励职业院校学生在获得学历证书的同时，积极取得多类职业技能等级证书，拓展就业创业本领，缓解结构性就业矛盾。国务院人力资源社会保障行政部门、教育行政部门在职责范围内，分别负责管理监督考核院校外、院校内职业技能等级证书的实施（技工院校内由人力资源社会保障行政部门负责），国务院人力资源社会保障行政部门组织制定职业标准，国务院教育行政部门依照职业标准牵头组织开发教学等相关标准。院校内培训可面向社会人群，院校外培训也可面向在校学生。各类职业技能等级证书具有同等效力，持有证书人员享受同等待遇。院校内实施的职业技能等级证书分为初级、中级、高级，是职业技能水平的凭证，反映职业活动和个人职业生涯发展所需要的综合能力"。

三、职业资格

1. 从业资格和执业资格

职业资格包括从业资格和执业资格。从业资格是指从事某一专业学识、技术和能力的起点标准；执业资格是指政府对某些责任较大、社会通用性强、关系公共利益的专业实行准入制度，是依法独立开业或从事某一特定专业的学识、技术和能力的必备标准。

2. 职业资格证书制度

职业资格证书制度由从业资格证书制度和执业资格证书制度组成。职业资格证书制度是指按照国家职业标准，通过政府认定的考核鉴定机构，对劳动者的技能水平和从业资格进行评价和认证的国家证书制度。职业资格证书制度是劳动者就业制度的一项主要内容，也是一种特殊形式的国家考试制度。

职业资格证书制度就是对劳动者取得什么证书，如何取得证书、取得证书后的作用等问题所做的规定而形成的制度。

3. 职业资格证书

职业资格证书包括《从业资格证书》和《执业资格证书》。职业资格证书是对劳动者具有和达到某一职业所要求的知识和技能标准的认证。

《从业资格证书》是建立在从业资格确认的基础上，通过学历认定或考试取得的，从业资格确认工作由省、自治区、直辖市人事部门会同业务主管部门组织实施。

《执业资格证书》颁给经执业资格考试合格的人员，是由国家授予的。执业资格考试的报名条件、考核标准、考试内容不同的专业各不相同，一般都是由国务院劳动人事部门管理和实施。

目前，我国已有近 20 个专业建立了执业资格制度，其中部分专业实行注册制度，如注册会计师、注册建筑师、注册律师、注册资产评估师、注册拍卖师、注册结构工程师、注册税务师、监理工程师等，有的专业还只是实行考试制度，如医师、药师、中药师、统计员、教师、价格鉴证师等。

 四、1+X 证书

2019 年国家提出启动 1+X 证书制度试点工作，这里主要针对的是在校学生，1+X 证书指的是"学历证书 + 若干职业技能等级证书"这意味着，在传统的学历证明之外，学生还能用职业技能等级证书证明自己的职业水平。

教育部职业教育与成人教育司负责人就《关于在院校实施"学历证书 + 若干职业技能等级证书"》答记者问时解释："1"为学历证书，"X"为若干职业技能等级证书。学校教育全面贯彻党的教育方针，落实立德树人根本任务，是培养德智体美劳全面发展的高素质劳动者和技术技能人才的主渠道，学历证书全面反映学校教育的人才培养质量，在国家人力资源开发中起着不可或缺的基础性作用。职业技能等级证书是毕业生、社会成员职业技能水平的凭证，反映职业活动和个人职业生涯发展所需要的综合能力。作为一项重大改革举措和制度设计，需要通过试点稳步推进。试点工作要进一步发挥好学历证书作用，夯实学生可持续发展基础，鼓励学生在获得学历证书的同时，积极取得多类职业技能等级证书，拓展就业创业本领，缓解结构性就业矛盾。

 五、特种作业操作证

1. 特种作业及工种范围

特种作业是指容易发生人员伤亡事故，对操作者本人、他人及周围设施的安全可能造成重大危害的作业。直接从事特种作业的人员称为特种作业人员，工种范围有：

1）电工作业。含发电、送电、变电、配电工，电气设备的安装、运行、检修（维修）、试验工以及矿山井下电钳工。

2）金属焊接、切割作业。含焊接工、切割工。

3）起重机械（含电梯）作业。含起重机械（含电梯）司机、司索工、信号指挥工、安装与维修工。

4）企业内机动车辆驾驶。含在企业内及码头、货场等生产作业区域和施工现场行驶的各类机动车辆的驾驶人员。

5）登高架设作业。含 2 米以上登高架设、拆除、维修工，高层建（构）筑物表面清洗工。

6）锅炉作业（含水质化验）。含承压锅炉的操作工、锅炉水质化验工。

7）压力容器作业。含压力容器罐装工、检验工、运输押运工、大型空气压缩机操作工。

8）制冷作业。含制冷设备安装工、操作工、维修工。

9）爆破作业。含地面工程爆破工、井下爆破工。

10）矿山通风作业。含主扇风机操作工、瓦斯抽放工、通风安全监测工、测风测尘工。

11）矿山排水作业。含矿井主排水泵工、尾矿坝作业工。

12）矿山安全检查作业。含安全检查工、瓦斯检验工、电器设备防爆检查工。

13）矿山提升运输作业。含主提升机操作工、（上、下山）绞车操作工、固定胶带输送机操作工、信号系统工、拥罐（把钩）工。

14）采掘（剥）作业。含采煤机司机、掘进机司机、耙岩机司机、凿岩机司机。

15）矿山救护作业。

16）危险物品作业。含危险化学品、民用爆炸品、放射性物品的操作工、运输押运工、储存保管员。

17）经国家局批准的其他的作业。

2. 特种作业人员的培训与发证

1）特种作业人员必须接受与本工种相适应的、专门的安全技术培训，经安全技术理论考核和实际操作技能考核合格，取得特种作业操作证后，方可上岗作业；未经培训，或培训考核不合格者，不得上岗作业。

已按国家规定的本工种安全技术培训大纲及考核标准的要求进行教学，并接受过实际操作技能训练的职业高中、技工学校、中等专业学校毕业生，可不再进行培训，而直接参加考核。

2）特种作业人员培训考核实行教考分离制度。国家局负责组织制定特种作业人员培训大纲及考核标准，推荐使用教材。培训机构按照国家局制定的培训大纲和推荐使用教材组织开展培训。各省级安全生产监督管理部门、煤矿安全监察机构或其委托的有资质的单位根据国家局制定的考核标准组织开展考核。

3）负责特种作业人员培训的单位应具备相应的资质条件，并经省级安全生产监督管理部门或其委托的地市级安全生产监督管理部门审查认定。

负责煤炭生产经营单位特种作业人员培训的单位须经省级煤矿安全监察机构审查认定。

从事特种作业人员培训的教师须经培训并考核合格后，方可上岗。

4）特种作业人员安全技术考核分为安全技术理论考核和实际操作考核。具体考核内容按照国家制定的特种作业人员安全技术培训考核标准执行。

5）特种作业人员安全技术的考核，应当由特种作业人员或用人单位或培训单位向当地负责特种作业人员考核的单位提出申请。考核单位自考核开始之日起，应在15日内完成考核，经考核合格的，发给相应的特种作业操作证（含 IC 卡）；考核不合格的，允许补考一次。

6）特种作业操作证，由国家局统一制作，各省级安全生产监督管理部门、煤矿安全监察机构负责签发。

特种作业操作证在全国通用。特种作业操作证不得伪造、涂改、转借或转让。

7）根据工作需要，国家局可以委托有关部门或机构审查认可特种作业人员培训单位和考核单位的资格，签发特种作业操作证。

8）特种作业操作证每两年由原考核发证部门复审一次，连续从事本工种 10 年以上的，经用人单位进行知识更新后，复审时间可延长至每四年一次。

复审内容包括：健康检查；违章作业记录检查；安全生产新知识和事故案例教育；本工种安全技术知识考试。

经复审合格的，由复审单位签章、登记、予以确认；复审不合格的，可向原复审单位申请再复审一次；再复审仍不合格或未按期复审的，特种作业操作证失效。

跨地区从业或跨区流动施工单位的特种作业人员，可向从业或施工所在地的考核发证单位申请复审。

六、学历证书和职业资格证书的关系

学历证书是一个人接受教育的年限、所具有的文化程度或者学业程度的证明，是由教育部门颁发的；职业资格证书是一个人能否胜任某一职业的证书，是由人力资源和社会保障部或由其委托的部门颁发的。

学历是一个人学习的经历，是表明一个人在某所学校学习某类专业，是毕业还是肄业。学历证书又称为文凭，是教育部门颁发给学生作为学历证书的文件，是指毕业证书。当一个人按期完成某类正规教育，经考试合格后都会得到一份证明其所接受的这段教育的证明性文件。

不同的职业对学历有不同的要求。获得职业资格的起点学历，至少是初中毕业，要获得大学教师资格必须是大学本科和本科以上学历。所以，学历证书和职业资格证书是密不可分的。

学历并不等于能力，随着职业资格证书制度的实行，教育部要求各院校在完成正常教学计划的同时，进行相关的职业资格证书的考试、考核，鼓励学生获取职业资格证书。

我国《劳动法》规定："国家确定职业分类，对规定的职业制定职业技能标准，实行职业资格证书制度，由经备案的考核鉴定机构负责对劳动者实施职业技能考核鉴定。""双证"制将会逐步推广实行，这不仅有利于鼓励和调动在校大学生学习专业理论和专业技能的积极性，而且有利于毕业生积极适应多种专业岗位的需求。在新的就业机制中，"双证"制将发挥越来越大的作用。

延伸阅读 1

全面提高技术技能人才社会地位
——三论学习贯彻习近平总书记职业教育工作重要指示精神

2021 年 4 月 12 日至 13 日，全国职业教育大会在京召开。习近平总书记对职业教育工作作出重要指示强调，各级党委和政府要加大制度创新、政策供给、投入力度，弘扬工匠精神，提高技术技能人才社会地位，为全面建设社会主义现代化国家、实现中华民族伟大复兴的中国梦提供有力人才和技能支撑。习近平总书记的重要指示，为提高技术技能人才社会地位，培养更多高素质技术技能人才，形成"人人出彩、技能强国"的发展局面提出了要求，指明了方向。

党的十八大以来，我国职业教育与经济社会发展相适应，由大力发展、加快发展走上提质培优、增值赋能的快车道。但从整体上看，技术技能人才结构性短缺的现象依然较为突出，职业教育吸引力不足的问题依然存在，企业招工难用工荒与职业院校毕业生就业难的"两难问题"依然没有从根本上得到解决。全面提高技术技能人才社会地位，让"技能改变人生，技能成就梦想"成为现实，既关系到提高职业教育吸引力，也关系到建设高质量职业教育体系，不仅十分必要，而且非常迫切。

全面提高技术技能人才社会地位，要全社会提高认识，形成合力。各级党委和政府要将职业教育列入议事日程，纳入规划、政策体系、议事规则、预算保障，加快落实发展职业教育的主体责任；要引导全社会树立正确的人才观，着力弘扬劳动光荣、技能宝贵、创造伟大的时代风尚，为"人人皆可成才、人人尽展其才"的技能型社会进一步创造条件。

全面提高技术技能人才社会地位，各级党委和政府要创新人才评价使用机制，打破技术技能人才评价受年龄、资历、身份和比例等条件限制，推动职业院校毕业生在落户、就业、参加机关事业单位招聘、职称评审、职级晋升等方面与普通高校毕业生享受同等待遇；要强化激励机制，引导年轻人认真干工作，安心练技能，踏实学技术；要支持技术技能人才凭技能提升待遇，鼓励企业职务职级晋升和工资分配向关键岗位、生产一线岗位和紧缺急需的高层次、高技能人才倾斜。要进一步推进职普融通，在职业院校及普通中小学中普及劳动教育，弘扬职业精神、劳模精神和工匠精神，"从娃娃抓起"，从职业陶冶做起，真正让"劳动光荣、技能宝贵、创造伟大"在校园里生根。只有着力提高技术技能人才收入水平和社会地位，才能引导年轻人认真干工作，形成"三百六十行，行行出状元"的局面，更好地服务经济社会高质量发展，更好助力技能强国梦的实现。

全面提高技术技能人才社会地位，要以高质量的职业教育人才培养作为支撑。要深入贯彻落实"职教 20 条"，凸显职业教育类型特征，大力加强内涵建设，强化职业技能培养，积极做好顶层设计和改革试点项目，完善纵向贯通、横向融通的现代职业教育体系，多元化、多层次、全方位培养高质量的技术技能人才；要发挥市场导向作用和政府推动作用，鼓励行业企业深度参与技术技能人才培养，发挥企业在职业教育中的重要办学主体作用，形成政府、企业与行业齐心协力培育更多的能工巧匠、大国工匠的机制；职业教育要适应经济转型升级需要和市场需求，强化育训并举，完善培训内容，提高培训质量，为农民工、未就业学生、退役军人、失业人员、残疾人等群体提供更有针对性的技能培训服务，有效增加高技能人才供给。

全面提高技术技能人才社会地位，是新时代的强烈呼唤，是国家现代化建设的客观要求，是人民群众的热切愿望。形成国家重视技能、社会崇尚技能、人人学习技能、人人拥有技能的良好氛围和时代风尚，使经济社会发展所需要的技术技能人才得到满足，各行各业均有较高的技能水平，人民群众高质量生活得到充分保障，对全面建设社会主义现代化国家，实现第二个百年奋斗目标具有重大意义。我们要认真学习贯彻落实习近平总书记关于职业教育的重要指示要求，为全面提高技术技能人才社会地位，努力构建人人皆可成才人人尽展其才的技能型社会，为全面建设社会主义现代化国家提供坚实的支撑。

（来源：《中国教育报》）

延伸阅读 2

从维修工到大国工匠！中专学历的他带着一群博士

他被称作"设备名医"，能诊治数控设备的各种"疑难杂症"；也被叫作"技改大王"，自主设计的数控珩磨机达到国际领先水平……20多年的磨砺钻研，让刘云清成长为中车戚墅堰机车车辆工艺研究所有限公司首席技师。2018年，刘云清荣获全国五一劳动奖章。

干活就要用心，认认真真

1996年，中专毕业的刘云清进入中车戚墅堰所当机修钳工，跟着老师傅学习维修数控机床。

"干活就要用心"他把师傅的话深深记在心中。晚饭后，他会到车间转转，琢磨机器的构造，思考维修中遇到的难题；睡觉前，他还一遍遍回想着各种工作细节。凭着这份对工作的痴迷，刘云清从机械维修工成长为全面系统掌握数控设备机械、电气、液压、软件等各方面故障维修的专家，并练就一身"医术"：能从嘈杂的轰鸣声中听出哪一台机器"生病了"，并准确判断"病因"所在。

2015年，当时国内功率最大的高铁制动设备一次锻压成型机出现故障，等德国的配件送达要1个多月，每天光设备折旧就要消耗5万元，还不包括生产上的损失。在对这台近5层楼高、数万根光控制线路的设备进行检查后，刘云清很快分析出是电路板故障，仅用半天时间就解决了问题。

用"钉子"精神创造奇迹

中车戚墅堰所有一台全国顶级的 22000 吨的一次锻压成型机，专门为高铁"复兴号"生产锻钢制动盘。作为厂里唯一全面掌握这台机器维修技术的专家，刘云清维修技术之高，远近闻名。一些外地企业遇到了相关维修难题，甚至也会打来电话咨询。

其实，刘云清更厉害的，是能让老设备变新设备。有两台诞生于 20 世纪 80 年代的国产磨床，本应属于淘汰序列，却因为国内外都买不到适合生产要求的设备，被当作难题交给了刘云清。

一个微米，就是 0.001 毫米，面对这样的精度要求，刘云清沉下心来，摸透了每一个零件的偏差度，用了三四个月的时间，愣是把不可能变成了可能。

让十几万的国产设备达到上百万的进口设备都无法达到的精度要求，这正是刘云清想要的结果。

用心浇灌，梦想终会开花

刘云清一直有一个梦想：设计建造更多自动化、智能化的生产线，为客户定制最适合的系统解决方案，帮助更多企业生产出高铁品质的产品，打响中国"智能制造"的民族品牌。

2018 年，不愿安逸、不惧挑战的刘云清又开启了新征程，工作的重心开始从维修、研发向自动化生产线、智能化车间的搭建转移。因为其团队既是产品的开发者，也是使用者，能最精准地把握客户需求，目前已经有不少客户对刘云清自主研发的设备产生兴趣。

如今，中专学历的刘云清，手下却带着一批博士、硕士，他带领自主研发的设备直接创造经济效益超过 1.5 亿元。而这些，在刘云清看来，还只能算是跨出的小小一步，离梦想的实现还有很长的距离，他会继续脚踏实地地前进，让梦想早日成真。

一份专注淬炼出时光的品质，一份坚守琢磨出情怀的精致。

（来源：《工人日报》）

课堂活动与课后思考五

1. 简述工匠精神的内容。
2. 简述职业资格、职业资格证书制度的内容。
3. 试述学历证书和职业资格证书的关系。
4. 什么是"1+X 证书"？结合自己的专业，说说准备获取的职业资格证书。

创业教育篇

广义的创业包含两个方面的内容，一是指个人创办企业、开设公司、开店经商等；二是指个人立足本职工作、岗位成才，创立一番事业。通常人们所说的创业指的是前者，称为"狭义创业"或"自主创业"。本篇所讲的创业，是指"自主创业"。

近几年来，我国高等院校不断涌动创业大潮。作为新世纪的大学生，是沉湎于安乐窝，庸庸碌碌地过一辈子，还是披荆斩棘，迎风破浪，开创一份属于自己的事业，这需要大学生去勇敢地选择。大学生不能因为就业难或其他压力就逼自己去创业；正确的态度是应该把被动的就业观念转为主动的创业观念，将创业作为自己职业的选择，并将自己的专业技能与兴趣特长相结合，创造出自己所期望的价值。

大学生创业需要具备哪些方面的素质，又应该注意哪些问题呢？本篇主要介绍：创新与创业、社会发展需要创业者、创业者的素质和能力、创业的准备与实践、大学生创业案例，以期对毕业生创业有所帮助。

第六课　创新与创业

 一、创新的基本概念

1. 什么是创新

创新就是创造新事物。凡是对人类社会发展有益的，能推动人类社会进步的，前所未有的事物就叫新事物。新事物包括新产品、新技术、新思想、新方法、新模式、新机制、新体制等。

创新实践首先是"想"，想前人所未想，想他人所不敢想的事，即创新性思维；其次是"干"，干前人所未干，干他人所不敢干的事，即进行创新实践活动。

随着科学技术的进步和社会经济的发展，人们创新意识的加强和创新水平的提升，创新已不再仅仅指经济现象，而是扩展到政治、科技、文化、军事、社会生活的各个方面，出现了许多新的创新概念，如科技创新、技术创新、体制创新、管理创新、金融创新、政治创新、教育创新、文化创新、观念创新、产业创新等。

2. 创新的特征

（1）**新颖性**　是指前所未有，与众不同，即创造出新、奇、特的事物。

（2）**普遍性**　是指创新存在于人类活动的每一个领域之中。

（3）**超前性**　创新应该是超前于社会的认识，如果要步入高层的创新，必须站得高，看得远。

（4）艰巨性　在不断的失败与艰难中前进，创新需要有敢为人先的勇气。

（5）社会性　创新离不开社会，它起源于社会发展的需要，它的归宿是为社会发展服务，推动社会进步。

（6）实践性　创新依赖于实践，人们要在实践中不断地发现问题，萌发创新意识，创新成果最终也要回到实践中接受检验。

二、创新思维与创新技法

1. 创新思维

创新思维是一切产生崭新内容的思维形式的总和。凡是能想出新点子、发现新例子、创造出新事物的思维都属于创新思维。这是对事物间的联系进行前所未有的思考，从而创造出新事物的思维方法。创新思维可分为：发散思维、收敛思维、想象思维、联想思维、逻辑思维与辩证思维。

（1）发散思维　发散思维是指人在思维过程中，无拘束地将思维由一点向四面八方展开，从而获得众多的解决问题的设想、方案和办法的思维过程。发散思维，形象地描述就是从问题对象和问题中心出发，形成多条像光线一样向外放射的思维。每一条思维都是由问题中心发出，但各条思维之间没有逻辑上的联系，互相的转换不是直接的。发散思维本质上是一种非逻辑的思维方式，所以，发散思维所捕捉到的思维目标有可能远离头脑中已有的逻辑框架而具有新意，成为一个新的创新萌芽。因而，发散思维在创造活动中具有重要作用。

（2）收敛思维　收敛思维又称集中思维，是一种寻求唯一答案的思维，其思维方向总是指向问题中心。和发散思维相反，收敛思维在解决问题的过程中，总是尽可能地利用已有的知识和经验，把众多的信息和解决问题的可能性逐步引导到条理化的逻辑链中去。

收敛思维是一种求同思维，它集中各种想法的精华，达到对问题的系统全面的考察，为寻求一种最有实际应用价值的结果，把多种思维理顺、筛选、综合、统一。发散思维是一种求异思维，把各种不同的可能性都设想到。收敛与发散是一种辩证关系，既有区别又有联系，既对立又统一。没有发散思维的广泛收集和多方搜索，收敛思维就没有了加工材料；没有收敛思维的过程，发散思维的结果再多，也不能形成有意义的创新结果。只有两者协同动作，交替运用，一个创新过程才能圆满完成。

（3）想象思维　想象思维是人脑通过形象化的概括作用对头脑中已有的记忆表象进行加工、改造或重组的思维活动。想象力是否丰富，是想象思维能力强弱的判断依据。

（4）联想思维　联想思维是指在人脑中记忆表象系统中由于某种诱因使不同表象发生联系的一种思维活动。联想思维按联想类型可分为：①接近联想，如时间或空间上的接近都可以引起不同事物之间的联想，由事物间完全对立或存在某种差异而引起的联想；②因果联想，由于两个事物存在因果关系而引起的联想。

（5）逻辑思维　逻辑思维就是依据逻辑形式进行的思维活动。逻辑思维的基本规律有：同一律、矛盾律、排中律和充足理由律。我们平时所说的定义、依据、实验、验证、划分、观察、假设等方法，都是建立在逻辑思维基础上的。逻辑思维在实践活动中的主要作用是：有助于人们正确认识客观事物，使人们通过揭露逻辑错误来发现和纠正谬误，帮助人们更好地去学习知识，有助于人们准确地表达思想。运用逻辑思维也可以取得创新性的思维成果。化学家门捷列夫在创立元素周期表后，就运用逻辑思维，严密地推断出当时还没有发现的新元素的存在，并计算出新元素的原子量。

（6）辩证思维　辩证思维指的是按照辩证逻辑的规律，即唯物辩证法的规律进行的思维活动。辩证思维是高级的思维活动，它依据唯物辩证法来认识客观事物，揭露事物内部的深层次矛盾，从哲学的高度为人们提供世界观和方法论。辩证思维在创新活动中起着突破性的作用。

2. 创新技法

创新技法是创新思维的外显形式，创新技法可分为：设问法、组合型法、逆向转换型法、分析列举型法、联想类比法等。

（1）设问法　设问法是以提问的方式寻找创新的途径，从不同的角度，进行多方面的设问和检查，对拟改进创新的事物进行综合分析，使问题具体化，以缩小需要探索和创新的范围。

（2）组合型法　组合型法是指按照一定的技术原理或功能目的，将现有的科学技术原理或方法、现象、物品做适当的组合或重新安排，从而获得具有统一整体功能的新技术、新产品、新形象的创新技法。

（3）逆向转换型法　逆向转换型法是指以逆向思维的方式进行创新的开发思维。也就是将通常思考问题的思维反转过来，以悖逆常规、常理或常识的方式去寻找解决问题的新路径、新方法。逆向思维可以挑战习惯性思维，克服心理定势，在理论创新、技术创新、产品创新上有突出的作用。

（4）分析列举型法　分析列举型法是通过列举有关项目来促进全面考虑问题，从而形成多种构想方案的方法。分析列举型法本质上是一种分析方法。分析就是把整体分解成部分，把复杂的事物分解成简单要素，分别加以研究的一种思维方法。分析列举型法有助于克服心理障碍、改善思维方式，在创造发明活动中有实际的作用。这种方法对改进老产品、开发新产品是非常实用的。

（5）联想类比法　联想类比法是指不同事物或现象在一定关系上的部分相同或相似，通过两类对象之间某些方面的相同或相似推出其他方面的相同或相似的方法。联想类比法在科学研究、技术创新和各种创造活动中均有使用。

三、增强创新意识、激发创新思维的潜能

创新首先应具有创新意识，没有创新意识就不会有创新活动；没有创新活动也就没有

创新成果。创新意识是创造新事物的关键。

创新意识由好奇心、竞争、怀疑、灵感、求知、个人寻求发展的动力等心理因素和创造性思维等因素组成。这些心理因素相互联系、相互促进，形成创新意识。

当代大学生在校期间要树立创新使命感，增强创新意识，无论是在理论学习过程中、实验学习过程中，还是在社会活动中，都要注意思维创新和技法创新的训练。

创新思维是指以新颖独创的方法解决问题的思维过程，通过这种思维能突破常规思维的界限，以超常规甚至反常规的方法、视角去思考问题，提出与众不同的解决方案，从而产生新颖的、独到的、有社会意义的思维成果。

实践证明，人的创新思维潜能是可开发的，激发创新思维潜能有以下几种方式。

1. 良性暗示

暗示可分为积极的暗示即"良性暗示"、消极的暗示即"负面暗示"。学者们认为，暗示通过显意识进入潜意识，到达意识的深层部分。从这个方面讲，潜意识乃是暗示的积累与沉淀。与显意识相比，潜意识平时处于压抑状态，暗示积淀的各种各样的图景处在被压抑、被封锁、被束缚、少自由、被控制状态。遇到偶然的机会，也会冒出来，在意识中出现，其表现形式即为灵感、直觉、想象等。

良性暗示能够开发头脑中的思维潜能。我们应该尽可能多地从周围环境和别人那里得到积极暗示，或者直截了当地对自己进行良性暗示，同时要拒绝和抛弃那些压抑思维潜能的消极暗示。

自我暗示的五条原则。①简洁：默念的句子要简单有力。例如，"我越来越进步"等。②正面：这一点极为重要，积极的语言会印在潜意识里。③信念：句子要有可行性，以避免与心理产生矛盾与抗拒。④观想：默诵或朗诵自己定下的语句时，要在脑海里清晰地形成意象。⑤感情：要把感情贯注进去，否则光嘴里念是不会有结果的，潜意识是依靠思想和感受的协调去运作的。

2. 幽默氛围

幽默，是个人生活中的"味精"，对于缓解生活紧张、调谐人际关系，都有重要的作用。引发幽默和欣赏幽默的能力，是个人修养水平的一个标志。从创新思维的角度来说，各种类型的幽默都是言谈举止方面所表现出来的一种创意。也就是说，能够引我们发笑的地方，一定是出乎意料的新东西，对于众所周知的陈旧的事物，人们是不会发笑的。

列维奈认为，幽默与创新思维之间存在着密切的关系，一个人为了激发出幽默，必然要摆脱理性思考和固有结论的束缚，而这正是创新思维的必要条件。

幽默故事的构成通常都是这样的：起初是一连串合乎逻辑的情节发展，并让听众产生紧张感，急于想知道结局；然后，一条出人意料的线索突然插进来，形势便急转直下，使原先那条线索成为一个虚假的问题，原先的紧张感突然消失，听众便不由自主地笑起来。

开发思维潜能的一种重要方法,就是让专家学者以及各行各业的顶尖人物聚集一堂,不预设什么严肃的课题,而是充分发挥想象力,鼓励他们胡思乱想,越逗人笑越好。

3. 快乐心灵

快乐与幸福含义相同,在许多种语言中,二者都是使用同一个词来表示的。快乐在我们看来是有价值的东西,是人生追求的重要目标,甚至可以说是最重要的目标;中外历史上很多著名的伦理学家,都把"最大多数人的最大幸福(快乐)"当作全社会的追求目标,用来衡量各类事物是否有价值及其价值大小的最终标准。

快乐,说到底是心理快乐,是主体自我感觉到的一种自在、舒服的心理状态。快乐自身与引起快乐的原因是两回事,快乐可以由物质性的东西引起,但是快乐本身却不是物质性的东西,而是精神性的东西。既然人们都认为快乐是有价值的,那么,怎样才能得到快乐呢?初看起来,这个问题很简单。快乐是由许多不同的事物引起的,只要我们确认了那些作为快乐原因的事物,并且想方设法得到它们,我们不就能够在那些事物的刺激下获得快乐了吗?所谓"寻找快乐",不过是寻找那些能够引起快乐的事物罢了!

人生万事,都能引起我们的快乐,关键是去寻找;而寻找快乐的最好工具,就是创新思维。新的思维视角能够引发快乐,而旧的思维定势则可能导致痛苦,许多科学实验都已经证明了这一点。

4. 右脑思维

大脑的左、右两个半球分别称为左脑和右脑,它们的表面有一层约 3 毫米厚的大脑皮质或大脑皮层。两半球在中间部位相接。1981 年,美国神经生理学家斯佩里发现了人的左脑、右脑具有不同的功能。右脑主要负责直感和创造力,司管形象思维,判定方位等,左脑主要负责语言和计算能力,司管逻辑思维。一般认为,左脑是优势半球,而右脑功能普遍得不到充分发挥。

从创新思维的角度来说,开发右脑的功能是意义十分重大的。因为右脑活跃起来有助于打破各种各样的思维定势,提高想象力和形象思维能力。近年来,不少人对锻炼、开拓右脑功能产生浓厚兴趣。提倡开拓右脑,正是为了求得左、右脑平衡、沟通和互补,以期最大限度地提高人脑的效率。两个大脑半球的活动更趋协调后,将进一步提高人的智力和创新能力。

5. 头脑风暴法

头脑风暴法是指用脑力去冲击某一问题的创造方法,由美国 BBDO 公司的奥斯本首创。作为一种创造方法,它在韦氏国际大字典中被定义为:一组人员通过开会方式对某一特定问题出谋献策,群策群力,解决问题。这种方法的特点是:克服心理障碍,思维自由奔放,打破常规,激发创造性的思维活动,获得新观念,并创造性地解决问题。奥斯本创建此法最初是用在广告的创造性设计活动中,取得了很大成功。后经本人不断改进和泰勒、帕内斯、戈登等人完善和发展，终于成为世界范围内应用最广泛、最普及的集体创造方法，在技术革新，管理革新，社会问题的处理、预测、规划等许多领域都显示了它的威力。

头脑风暴法何以能激发创造思维？根据奥斯本本人及研究者的看法，主要有以下几点：

（1）**联想反应**　联想反应是产生新观念的基本过程。在集体讨论问题的过程中，每人提出一个新观念，都能引发他人的联想。相继提出一串的新观念，产生连锁反应，形成新观念堆，为创造性地解决问题提供了更多的可能性。

（2）**热情感染**　在不受任何限制的情况下，集体讨论问题能激发人的热情。人人自由发言、互相影响、互相感染，能形成讨论热潮，突破固有观念的束缚，最大限度地发挥创造性的思维能力。

（3）**竞争意识**　在有竞争意识的情况下，人人争先恐后，竞相发言，不断地开动思维机器，力求有独到见解，新奇观念。心理学的原理告诉我们，人类有争强好胜心理，在有竞争意识的情况下，人的心理活动效率可增加 50% 或更多。

（4）**个人欲望**　在集体讨论解决问题的过程中，个人的欲望自由不受任何干预和控制，是非常重要的。头脑风暴法有一条原则，不得批评他人的发言，甚至不许有任何怀疑的表情、动作和神色。这就能使每个人畅所欲言，提出大量的新观念。

四、为什么要倡导创新

1. 发展的希望在创新

中国共产党第十六次全国代表大会的报告中指出："创新是一个民族进步的灵魂，是一个国家兴旺发达的不竭动力，也是一个政党永葆生机的源泉。"跨入新世纪，创新已经成为时代的主旋律。一个民族、一个国家、一个政党的兴旺发达离不开创新，一个地区、一个企业的发展腾飞同样也离不开创新，一个期望事业取得成就的年轻人更离不开创新。

中国共产党第十八次全国代表大会的报告中指出："科技创新是提高社会生产力和综合国力的战略支撑，必须摆在国家发展全局的核心位置。"要坚持走中国特色自主创新道路，以全球视野谋划和推动创新，提高原始创新、集成创新和引进消化吸收再创新能力，更加注重协同创新。深化科技体制改革，推动科技和经济紧密结合，加快建设国家创新体系，着力构建以企业为主体、市场为导向、产学研相结合的技术创新体系。完善知识创新体系，强化基础研究、前沿技术研究、社会公益技术研究，提高科学研究水平和成果转化能力，抢占科技发展战略制高点。实施国家科技重大专项，突破重大技术瓶颈。加快新技术、新产品、新工艺研发应用，加强技术集成和商业模式创新。完善科技创新评价标准、激励机制、转化机制。实施知识产权战略，加强知识产权保护。促进创新资源高效配置和综合集成，把全社会智慧和力量凝聚到创新发展上来。

2013年9月30日，中共中央政治局以实施创新驱动发展战略为题举行第九次集体学习。中共中央总书记习近平在主持学习时强调，实施创新驱动发展战略决定着中华民族前途命运。全党全社会都要充分认识科技创新的巨大作用，敏锐把握世界科技创新发展趋势，紧紧抓住和用好新一轮科技革命和产业变革的机遇，把创新驱动发展作为面向未来的一项重大战略实施好。

这次中央政治局集体学习走出中南海，把"课堂"搬到了中关村，采取调研、讲解、讨论相结合的形式进行。习近平在主持学习时发表了重要讲话。他强调，科技兴则民族兴，科技强则国家强。党的十八大作出了实施创新驱动发展战略的重大部署，强调科技创新是提高社会生产力和综合国力的战略支撑，必须摆在国家发展全局的核心位置。这是党中央综合分析国内外大势、立足国家发展全局作出的重大战略抉择，具有十分重大的意义。

习近平指出，当前，从全球范围看，科学技术越来越成为推动经济社会发展的主要力量，创新驱动是大势所趋。新一轮科技革命和产业变革正在孕育兴起，一些重要科学问题和关键核心技术已经呈现出革命性突破的先兆，带动了关键技术交叉融合、群体跃进，变革突破的能量正在不断积累。即将出现的新一轮科技革命和产业变革与我国加快转变经济发展方式形成历史性交汇，为我们实施创新驱动发展战略提供了难得的重大机遇。机会稍纵即逝，抓住了就是机遇，抓不住就是挑战。我们必须增强忧患意识，紧紧抓住和用好新一轮科技革命和产业变革的机遇，不能等待、不能观望、不能懈怠。

习近平强调，从国内看，创新驱动是形势所迫。我国经济总量已跃居世界第二位，社会生产力、综合国力、科技实力迈上了一个新的大台阶。同时，我国发展中不平衡、不协调、不可持续问题依然突出，人口、资源、环境压力越来越大。物质资源必然越用越少，而科技和人才却会越用越多。我们要推动新型工业化、信息化、城镇化、农业现代化同步发展，必须及早转入创新驱动发展轨道，把科技创新潜力更好释放出来，充分发挥科技进步和创新的作用。

习近平在中国共产党第十九次全国代表大会上的报告中指出：加快建设创新型国家。创新是引领发展的第一动力，是建设现代化经济体系的战略支撑。要瞄准世界科技前沿，强化基础研究，实现前瞻性基础研究、引领性原创成果重大突破。加强应用基础研究，拓展实施国家重大科技项目，突出关键共性技术、前沿引领技术、现代工程技术、颠覆性技术创新，为建设科技强国、质量强国、航天强国、网络强国、交通强国、数字中国、智慧社会提供有力支撑。加强国家创新体系建设，强化战略科技力量。深化科技体制改革，建立以企业为主体、市场为导向、产学研深度融合的技术创新体系，加强对中小企业创新的支持，促进科技成果转化。倡导创新文化，强化知识产权创造、保护、运用。培养造就一大批具有国际水平的战略科技人才、科技领军人才、青年科技人才和高水平创新团队。

当前,世界经济和科技正走向全球化,科学技术发展和应用的速度加快,产品开发周期缩短,世界市场竞争激烈,社会变动快速且不稳定。同时,国家、地区发展不平衡,矛盾错综复杂,贫富差距加大,全球化引发的突发机遇和突发危机并存。一个国家自主创新能力越强,越能开展国际合作,越能和他国一起形成双赢的局面;反之,一个国家越没有自己的力量,就越受制于他国。要想自立于世界民族之林,就必须要有自己的原动力,不断提出创新的思维、创新的产品、创新的管理方法、创新的机制等。

2. 创新能力是核心能力的核心

学校的目标应该是教给学生不断发展的能力。不断发展的能力包括三个层次:第一个层次叫作职业特有能力,即一个职业所需要的特定能力;第二个层次叫作行业通用能力,每个行业都有其通用的能力;第三个层次是能力核心层次,即核心能力,又称为关键能力,不管从事哪个行业、哪个职业,都需要具有核心能力。

核心能力体系包括 8 项主要能力,即交流表达能力、数字演算能力、与人合作能力、自我提高能力、解决问题能力、信息处理能力、外语应用能力和创新能力。理论和实践都已证明,这 8 种能力是未来一切劳动者面对产业变革和职业变革,应对社会挑战,实现个人职业生涯成功所必备的基本能力。创新能力是这 8 种核心能力的核心,因为其他 7 种能力本身也存在与创新能力结合的问题。

五、创业者需要培养创新能力

1. 创新能力的培养

能力是通过学习、训练和实践激励出来的,创新能力更是如此。

学习就是学习创新的基础知识,增强责任感,树立创新使命感,学习并掌握常用的创新技法。

学了就练,学练结合。创新思维和创新技法的练习多种多样,要成为一个具有创新能力的人,日常的训练是十分必要的。例如,练习想象力、练习思维的扩散能力、联想能力和变通能力。

创新能力要在实践中得到提高,所以创新能力的培养依赖于实践,就是用创新的思维、创新的技法,通过创新活动,创造性地解决问题。

2. 创业需要创新能力

创新精神、创新意识和创新能力是创业者必需的素质。创业的过程本身就是应用创新,是创新的实践。

创新的成果只有转化为现实生产力才有意义。在创新成果的展示、推广与转让的过程中蕴藏着创业的商机。

总之,创业与创新是相辅相成的。当代大学生毕业后要想创就一番事业,在校期间就应努力培养和提高自身的创新意识和创新能力。

脑子灵活、爱思考，让1988年出生的杨杰在科研创造方面颇有天分，而学好专业知识，苦练"内功"，期待修成一技之长，将来"仗剑走天涯"，敢做敢干让他的想法变成了现实。2011年，初入校园，杨杰便萌生了搞发明创造的想法，而随后，凭借敏锐的观察力和发散性的思维，他成功设计出了"道路LED行人护墙"和"智能型多功能电动轮椅"。这两项发明分别获得了国家知识产权局的发明专利和实用新型专利的授权。

杨杰同学曾是安徽机电职业技术学院数控工程系学生，2012年，他成功将创新成果转化成创业项目，成立了"芜湖市巨能百利网络科技有限公司"，该公司主要从事智能化的项目产品研发工作。凭借着拥有国家专利的"多功能智能型轮椅"创业项目一举摘得芜湖市青年创业大赛桂冠。杨杰同学还成功入驻芜湖市"省级大学生创业孵化园"进行创业。

（摘自《芜湖日报》2013年7月11日）

延伸阅读1

科技创新战略意义

科技是国家强盛之基，创新是民族进步之魂。以习近平同志为总书记的党中央，高度重视科技创新引领社会发展的重要作用，将科技创新视为创新驱动发展战略的核心。党中央站在国家长远发展和民族伟大复兴的战略高度，基于对科技创新战略意义的理性审视，明确提出到2020年使我国进入创新型国家行列，到2030年使我国进入创新型国家前列，到新中国成立100年时使我国成为世界科技强国。科技创新的新思想、新战略、新目标，多维度丰富了马克思主义有关科技创新的理论，为新时期我国科技创新的实践提供了科学指导。

与自然经济为特征的农业社会不同，现代工业社会和信息社会，最活跃的生产力因素不再是资源、能源和劳动力等，而是发展迅速的科学技术。高尔基指出，"科学是我们时代的神经系统，人类没有什么力量是比科学更强大、更所向无敌的了。"邓小平强调，"科学技术是生产力。"今天，科技创新更加成为决定世界政治经济力量对比和国家前途命运的关键因素，成为推动社会变革的革命性力量，习近平同志从当前时代的现实出发，强调科技创新是提高社会生产力和综合国力的战略支撑，必须把科技创新摆在国家发展全局的核心位置，从而明确了科技创新在社会整体发展结构中的核心地位，突出了科技创新在发展社会生产力中的重要作用，彰显了社会生产力发展的时代特征，抓住了实现创新、协调、绿色、开放和共享发展的"牛鼻子"。

（来源：光明网）

延伸阅读 2

立足岗位创新　勇当科技主人

王洪军，一汽－大众汽车有限公司焊装车间工长。1991 年，王洪军从技校毕业后成为一汽－大众汽车有限公司"白车身"钣金维修工人；2003 年，创立"王洪军轿车钣金快速修复法"，整体研究成果居国际先进水平；2006 年，荣获国家科技进步二等奖，成为第一位登上国家最高科技领奖台的一线工人。王洪军先后荣获吉林省和全国"五一劳动奖章"，被授予全国机械行业"技能大师"、技术创新"十佳能手"等荣誉称号。2008 年 12 月，王洪军入选第九届"中国十大杰出青年"。

17 年来，王洪军一直在工厂一线当钣金整修工。他来自于一汽技校，个头不高，在庞大的一汽工人队伍中并不显眼。但细数荣誉，就会发现，王洪军不仅拥有全国劳动模范等诸多劳动者的最高荣誉，还是各种创新奖项的获得者，和他并肩领取这些奖项的，大多是努力多年的专业科研工作者。

工友们说，王洪军爱琢磨，善于总结，也愿意把自己的想法和大家分享。而在王洪军眼里，他所做的并没有什么神奇：完成岗位工作的同时，习惯动脑筋。在工厂，真正了解实际工作的都是一线工人，只要每个人在岗位上能好好钻研，就会想出好办法。最为人称道的"王洪军轿车钣金快速修复法"，就是他钻研、学习的结果。

王洪军进厂的时候，一汽－大众汽车有限公司刚刚成立，合资双方的技术方式、生产理念也刚刚开始磨合。钣金整修是轿车生产中的一道关键工序，它要在车身喷漆之前，对钣金做全面的检查并消除所有的缺陷。在我国汽车行业，钣金修复一直离不开泥子。这种方法存在着明显的弊端：钢板与泥子的材质不同，防腐能力不同，时间长了钢板会失去弹性，防撞击能力就变差，容易"掉渣"。德国大众公司并不接受这一方式。其中既有对产品质量严格要求的原因，也有成本结构不同带来的理念差异：德国人工成本非常高，材料造价相对较低，德国大众更愿意采用报废和更换部件的方式来解决钣金修复问题。一汽－大众汽车有限公司要达到德国大众公司的质量标准，就必须学习和使用新的钣金修复方法。对于王洪军和他的工友们来说，这是一个全新的课题。

"我也没有什么惊天动地的想法，只是想能不能通过其他的方法来解决问题。简单的报废实在太可惜了。技术标准是固定的，我用其他的办法达到标准不就可以了吗？"王洪军的创新动机并不复杂。

当时，钣金整修都是由外国来的专家做，王洪军和工友们只能打下手。不过，王洪军暗动心思，上班的时候，他仔细看外国专家干，认真记录；专家下班了，他就在废件里反复练习，还经常四处查找资料。

一天下班了，他壮着胆子试着修理外国专家没修好的未喷漆的车身，没想到，忙到后半夜也没修好。王洪军没有气馁，他知道，技术是练出来的。

经过两个多月的苦练和研究，王洪军终于修好了一台车身。刚开始，外国专家不相信，在他修复的轿车旁边转了一圈又一圈，还把车身切割成条，分段进行检测，又用仪器进行全面检测，检测结果是"完全符合质量标准"，外国专家一连用英语说了3个"很好"。

根据多年的操作经验和不断摸索，王洪军归纳出"出手慢，匀速行，回手快，力集中"的手感检查车身缺陷12字诀，总结出了不同缺陷的各种整修方法，创造出了47项123种非常实用又简捷的轿车车身钣金整修方法。很多被德国专家判定为报废的车身，也被王洪军修复如新。在王洪军的带领下，一汽一大众汽车有限公司的车身整修技术实现了质的飞跃，进入到世界先进行列。

钣金修复的成功给了王洪军信心，他又琢磨起制作钣金整修工具来。以前，王洪军使用的钣金整修工具都是从德国进口的，一套10多件，就得花4万元~5万元，而且订货周期长，种类不够齐全，有些缺陷根本无法修复。王洪军的下一个目标，就是自己创新工具。

他做的第一件工具是修理侧围用的钩子。多次试验之后，工具终于成功了，怎么用怎么好用。外国专家用了之后也赞叹，"中国工人真棒！"

王洪军从此迷上了制作工具。几年来，他制作的工具有47种2000多件，好用又便宜。"8年以来，我们都没有进口过钣金整修工具。"王洪军自豪地说。

展车是汽车博览会上的名片，制作展车是钣金整修工的最高境界。王洪军利用一切机会学习、揣摩展车的制作，经过几年的积累，掌握了10种展车制作方法，并实现了多项创新。2003年，一汽一大众汽车有限公司采用了王洪军的方法，从此结束了高薪聘请外国专家制作展车的历史。近3年来，王洪军和他的团队共制作展车189台。5年来通过创新工具、创新方法、创新展车制作，共为企业节约资金3400多万元。

"一个人浑身是铁也打不了几个钉。"王洪军笑着说。他愿意把掌握的技术传授给周围的工友们，并推广到维修站，2006年王洪军编写了《王洪军轿车车身整修调整方法》一书，轿车维修领域也有了一本新的权威教材。如今，王洪军的工具和方法已经成为一些维修店的宝贝，不仅使维修速度加快，也让车主节约了时间和费用。"我到一些维修站去，他们那里挂着我的照片，见了我就说'王师傅，你可得教我们两招'。我的创新解决了实际问题，这是我最大的价值。"10多年来，王洪军带了很多徒弟，很多人都成了钣金整修的小专家，现在王洪军的徒弟形成了200多人的高技能钣金整修队伍。

"我的获奖说明了国家对培养高技能人才的重视，证明了千百万产业工人和广大普通劳动者可以通过岗位创新，成为科学技术的主人。工作没有高低贵贱，只有岗位分工不同。"王洪军自豪地说。

（来源：新浪网）

课堂活动与课后思考六

1. 叙述创新的含义。

2. 为什么说创新能力人人都有？

3. 创新思维的内容有发散思维、辩证思维等，请思考下列各题：

1）目前，水资源危机已日益威胁人们的正常生产与生活，试列出5种解决的方法。

2）一项新产品上市后，一般都很难为顾客所认识，欲打开销路，从销售方式看，应有哪些选择？

3）近年来，许多单位招聘员工时，要求学历越来越高，你认为这是一种好的趋势吗？

4）顾客买东西要到商店去，现在商店为了扩大销路，你有什么新建议？

5）近年来我国在治理雾霾问题中取得了很好效果，请说说国家采取了哪些措施？

4. 为什么说创业者要有创新能力？

第七课　社会发展需要创业者

一、产业结构的调整需要创业者

随着我国经济的发展和改革的逐步深入以及经济结构战略性调整的不断推进，产业结构的调整也加快了步伐。许多行业中原有投资主体退出，个别行业萎缩或消失，而新的投资者出现，新兴的行业迅速崛起。新兴行业的出现和投资主体的多元化将推动一大批创业者的产生与发展。

党的十九大报告提出，"推动经济发展质量变革、效率变革、动力变革，提高全要素生产率，着力加快建设实体经济、科技创新、现代金融、人力资源协同发展的产业体系"，这为更好地推进产业结构优化升级指明了方向。

产业结构优化是经济结构战略性调整的核心。加快产业结构优化，实现三大产业之间及其内部关系协调和升级。要继续加强第一产业，巩固第一产业的基础地位，提升第二产业，增强第二产业的核心竞争力，大力发展第三产业，让第三产业在国民经济中发挥更大作用。要继续走中国特色的农业现代化道路、新型工业化道路和服务业现代化道路。三大产业都需要进一步提高产品或服务质量，在国际市场上形成有影响力的品牌，增加产品或服务的附加值。要在改造提升传统产业的同时，大力发展战略性新兴产业。要根据不同情况选择劳动密集型、资本密集型、技术密集型和知识密集型等各种生产要素的结构组合。要充分发挥市场机制在经济结构调整中的基础性作用，同时也要充分发挥政府在产业结构调整中的引导作用。

　　服务业是国民经济的重要组成部分，具有涉及领域广、带动就业多、消耗资源少、拉动增长作用强等特点。优化产业结构，必须把发展服务业作为战略重点，不断提高服务业比重和水平。大力发展面向民生的服务业，在巩固传统业态的基础上，积极拓展新型服务领域，不断培育形成服务业新的增长点。着力发展生产性服务业，培育研发设计、现代物流、金融服务、信息服务和商务服务，促进制造业与服务业、现代农业与服务业融合发展。从促进消费升级出发，不断创造新的消费需求，特别是要把基于宽带和无线的信息消费作为新一轮扩大消费需求的重点领域，积极培育发展电子商务、网络文化、数字家庭等新兴消费热点。深化服务领域改革开放，营造服务业大发展的政策和体制环境，构建充满活力、特色明显、优势互补的服务业发展格局。

　　在大力发展第三产业方针的指导下，第三产业将蓬勃发展。为适应社会发展和产业结构调整的需要，就要有更多的人创办第三产业，为我国的改革发展注入新的活力。可以看出，迅速发展的社会不仅需要人们创业，呼唤人们创业，而且也为创业者创造了前所未有的机遇和条件。

二、"互联网+"时代需要创业者

　　随着网络的盛行，互联网思维正影响着每个人，如图7-1所示。在全民互联网时代，越来越多的人倾向于互联网创业。近年来，活跃的创投资本，国家政策的大力支持，使得依靠互联网技术从事经济活动的企业蓬勃发展。

　　在"大众创业、万众创新"的号召下，不断增长的创客资源成为新兴群体，创新创业的驱动改变了移动互联网的风向。对于消费者来说，第一有了选择的主动权，第二有了选择的意识。这种选择的意识使消费者有能力选择自己定制的产品。在创客的创意下，互联网赋予了用户自由表达空间，只要创新就能不断赢得用户，占领市场。

图 7-1　互联网思维

　　众创空间作为"中国梦"的孵化平台，正成为创客的梦想之源。创业者经过生存之路、探索之路、发展之路，正在创造资本市场的奇迹。过去，只有1%的企业能够获得成功，得以生存，而在"互联网+"时代，创客的成功率提高了。它的奥秘就在选择了和传统行业更深层次的融合，而不是对抗；坚定地站在传统行业的肩膀上，而不是竞争，通过互联网手段进行价值链重塑，提高效率。

　　创业不要怕小，在行业越来越细分化的趋势下，这种小对于小企业成长为一个大企业是有帮助的。新兴的创业者，可以基于"小"这一点的突破，尽快找到用户的核心点，不要一开始就想做有几百万、几千万用户的APP（Application，智能手机第三方应用程序），可以先去做有十万长期核心用户的 APP。

 ## 三、高校毕业生的创业现状及意义

大学生创业，有梦想、有激情，然而真正能够生存下去、稳定经营、持续发展却比较艰难。其原因是多方面的，如创业者缺乏必要的创业知识和相应的经营管理知识；创业环境不够成熟，尽管国家出台了一系列鼓励大学生创业的优惠政策，但有些政策和配套措施尚未真正落到实处，社会还缺乏可以为大学生创业提供专门咨询和服务的机构和部门，资金缺乏也是毕业生创业面临的现实问题。

2018年11月16日，由清华大学二十国集团创业研究中心和启迪创新研究院联合完成的《全球创业观察2017/2018中国报告》发布会在厦门市清华海峡研究院举行。清华大学二十国集团创业研究中心主任、清华经管学院党委书记高建教授发布了报告。

报告研究发现，中国创业者中最为活跃的群体是25~34岁的青年。创业动机以机会型为主，大部分创业者选择在以批发或零售为主的客户服务业创业，具有高附加值的商业服务业创业比例低。另外，中国低学历创业者比例逐步下降，高学历创业者比例有所提高，收入高的人群创业增多。虽然中国创业失败的比例呈下降趋势，但创业者对自己创业能力的认可程度有所下降，恐惧失败的比例逐步提高。

在创业活动的质量和环境方面，中国创业活动的质量在提高，但与G20经济体中的发达国家相比仍存在差距。中国创业环境在不断改善，有形基础设施、市场开放程度、文化与社会规范是创业环境中一直表现较好的三方面，而商务环境、研发转移、教育与培训是中国创业环境中一直表现较弱的四方面。此外，中国城乡创业活跃程度比较均衡，但城市机会型创业的比例相对较高。区域创业活动的差距还没有显著缩小。《全球创业观察2017/2018中国报告》是2002年以来发布的第15份年度中国报告。该报告基于过去15年的年度调查数据，从中国创业活动的结构特征、质量、环境和区域差异四个方面分析了中国创业活动15年来的变化与发展。

中国青年创业者成长性较好。77.7%的青年创业者的产品具有新颖性，青年创业者较有成长潜力。青年创业者更有可能创造就业。青年创业者更关注国际市场。

"创业教育，将成为21世纪现代人的第三本教育护照。"联合国教科文组织"面向21世纪教育国际研讨会"指出，21世纪的青年除了接受传统意义上的学术教育和职业教育外，还应当拥有第三本教育护照——创业教育。

高校对学生的教育不再仅仅局限于就业教育，还应当拓展到以创造、创新为主题的创业教育。没有创业，哪来就业？自谋职业、自主创业，不仅可以为国分忧，为社会献力，而且也有利于体现自身价值，实现个人理想。特别是当前国家的改革环境、经济环境都非常需要创业，也非常有利于创业。

大学生创业兴起于20世纪70年代的美国，硅谷大批学生的成功创业有力地刺激和推动了美国经济的发展，创业教育也在此时受到了前所未有的关注。长期以来在我国大学校园里，创业教育严重缺失，传统教育模式下过分地强调学生对书本知识的理解和掌握，从而造成学生对社会经济发展与就业需求关注不够的现状。随着高校毕业生人数的增加，越来越多的学生面临就业问题。当一些学生转变观念、选择创业时，才发现他们缺乏必要的知识和足够的心理准备。目前这一问题已经引起各高校有关部门的高度重视。

四、大学生创业三部曲

创业，首先要有创业的勇气和创业的精神。创业是创造性的事业，从无到有，从小到大，需要有坚忍、顽强、不屈不挠的坚强意志。既要自信"天生我才必有用"，又要面对困难"不怕几次反复从头再来"，认准目标义无反顾，相信"走下去前面必定是个天"，有志者事竟成。

北京市社会科学院院长朱明德教授在谈大学生创业时提出："根据中国国情，我提出大学生创业的'家业、事业、伟业'三部曲之说"。

大学生首先应该有创家业之心。家业是解决衣、食、住、行的生计问题，大学生毕业的第一件事是先养活自己，解除家庭经济负担。创家业可分为三级：一是仅仅维持基本生计；二是温饱有余，开始步入小康；三是比较富裕，具有了创业的基础。

在解决生存问题的同时，个人能力也得到了提升，视野逐步宽阔，这时就是创事业的时机了。事业可分为两个层次：小成和大成。当奋斗到物质财富和精神财富积聚到一定程度的时候，不能失去奋斗目标，而要保持清醒的头脑，应知道在事业有成的基础上还有伟业值得去奋斗。创伟业者应是对祖国、民族乃至整个人类发展产生了重大影响的物质财富和精神财富的创造者。

每个大学生都应该胸怀创伟业的远大理想，满怀创事业的执着之心，从创家业的起点出发，去实现自己的人生价值。

当然，凡事都需要具体问题具体分析，每个人应该根据实际情况找到自己的起点，既可以直接从创事业开始，也可以从创家业开始，锻炼自己。人只有靠自己的劳动挣到自己的生活费用时，才能有真正的成人感受。

五、大学生创业的相关政策

为支持大学生创业，国家和地方各级政府出台了许多优惠政策，涉及融资、税收、创业培训、创业指导等诸多方面。对打算创业的大学生来说，了解这些政策，利用好这些优惠政策，才能走好创业的第一步。根据国家和有关省、市政府的相关规定，应届大学毕

业生创业可享受免费风险评估、免费政策培训、无偿贷款担保及部分税费减免四项优惠政策,具体包括:高校毕业生(含大学专科、大学本科、研究生)从事个体经营的,自批准经营之日起,1年内免交个体户登记注册费、个体户管理费、经济合同示范文本工本费等。此外,如果成立非正规企业,只需到所在区县街道进行登记,即可免税3年。

有关高校毕业生自主创业政策参阅"延伸阅读"。

延伸阅读1

国家税务总局 人力资源社会保障部 国务院扶贫办 教育部发文
《关于实施支持和促进重点群体创业就业有关税收政策具体操作问题的公告》

(国家税务总局公告2019年第10号)

为贯彻落实《财政部 税务总局 人力资源社会保障部 国务院扶贫办关于进一步支持和促进重点群体创业就业有关税收政策的通知》(财税〔2019〕22号)精神,现就具体操作问题公告如下:

一、重点群体个体经营税收政策

(一)申请

1)建档立卡贫困人口从事个体经营的,向主管税务机关申报纳税时享受优惠。

2)登记失业半年以上的人员,零就业家庭、享受城市居民最低生活保障家庭劳动年龄的登记失业人员,以及毕业年度内高校毕业生,可持《就业创业证》(或《就业失业登记证》,下同)、个体工商户登记执照(未完成"两证整合"的还须持《税务登记证》)向创业地县以上(含县级,下同)人力资源社会保障部门提出申请。县以上人力资源社会保障部门应当按照财税〔2019〕22号文件的规定,核实其是否享受过重点群体创业就业税收优惠政策。对符合财税〔2019〕22号文件规定条件的人员在《就业创业证》上注明"自主创业税收政策"或"毕业年度内自主创业税收政策"。

(二)税款减免顺序及额度

重点群体从事个体经营的,按照财税〔2019〕22号文件第一条的规定,在年度减免税限额内,依次扣减增值税、城市维护建设税、教育费附加、地方教育附加和个人所得税。城市维护建设税、教育费附加、地方教育附加的计税依据是享受本项税收优惠政策前的增值税应纳税额。

纳税人的实际经营期不足1年的,应当以实际月数换算其减免税限额。换算公式为:减免税限额=年度减免税限额÷12×实际经营月数。

纳税人实际应缴纳的增值税、城市维护建设税、教育费附加、地方教育附加和个人所得税小于减免税限额的,以实际应缴纳的增值税、城市维护建设税、教育费附加、地方教育附加和个人所得税税额为限;实际应缴纳的增值税、城市维护建设税、教育费附加、地方教育附加和个人所得税大于减免税限额的，以减免税限额为限。

（三）税收减免管理

登记失业半年以上的人员，零就业家庭、城市低保家庭的登记失业人员，以及毕业年度内高校毕业生享受本项税收优惠的，由其留存《就业创业证》（注明"自主创业税收政策"或"毕业年度内自主创业税收政策"）备查，建档立卡贫困人口无需留存资料备查。

二、企业招用重点群体税收政策

（一）申请

享受招用重点群体就业税收优惠政策的企业，持下列材料向县以上人力资源社会保障部门递交申请：

1）招用人员持有的《就业创业证》（建档立卡贫困人口不需提供）。

2）企业与招用重点群体签订的劳动合同（副本），企业依法为重点群体缴纳的社会保险记录。通过内部信息共享、数据比对等方式审核的地方，可不再要求企业提供缴纳社会保险记录。

县以上人力资源社会保障部门接到企业报送的材料后，重点核实以下情况：

1）招用人员是否属于享受税收优惠政策的人员范围，以前是否已享受过重点群体创业就业税收优惠政策。

2）企业是否与招用人员签订了1年以上期限劳动合同，并依法为招用人员缴纳社会保险。

核实后，对持有《就业创业证》的重点群体，在其《就业创业证》上注明"企业吸纳税收政策"；对符合条件的企业核发《企业吸纳重点群体就业认定证明》。

招用人员发生变化的，应向人力资源社会保障部门办理变更申请。

本公告所称企业是指属于增值税纳税人或企业所得税纳税人的企业等单位。

（二）税款减免顺序及额度

1）纳税人按本单位招用重点群体的人数及其实际工作月数核算本单位减免税总额，在减免税总额内每月依次扣减增值税、城市维护建设税、教育费附加和地方教育附加。城市维护建设税、教育费附加、地方教育附加的计税依据是享受本项税收优惠政策前的增值税应纳税额。

纳税人实际应缴纳的增值税、城市维护建设税、教育费附加和地方教育附加小于核算的减免税总额的，以实际应缴纳的增值税、城市维护建设税、教育费附加、地方教育附加为限；实际应缴纳的增值税、城市维护建设税、教育费附加和地方教育附加大于核算的减免税总额的，以核算的减免税总额为限。纳税年度终了，如果纳税人实际减免的增值税、城市维护建设税、教育费附加和地方教育附加小于核算的减免税总额，纳税人在企业所得税汇算清缴时，以差额部分扣减企业所得税。当年扣减不完的，不再结转以后年度扣减。

享受优惠政策当年，重点群体人员工作不满 1 年的，应当以实际月数换算其减免税总额。

减免税总额 = ∑每名重点群体人员本年度在本企业工作月数 ÷12× 具体定额标准

2）第 2 年及以后年度当年新招用人员、原招用人员及其工作时间按上述程序和办法执行。计算每名重点群体人员享受税收优惠政策的期限最长不超过 36 个月。

(三) 税收减免管理

企业招用重点群体享受本项优惠的，由企业留存以下材料备查：

1）享受税收优惠政策的登记失业半年以上的人员，零就业家庭、城市低保家庭的登记失业人员，以及毕业年度内高校毕业生的《就业创业证》（注明"企业吸纳税收政策"）。

2）县以上人力资源社会保障部门核发的《企业吸纳重点群体就业认定证明》。

3）《重点群体人员本年度实际工作时间表》（见表 7-1）。

表 7-1 重点群体人员本年度实际工作时间表（样表）

企业名称（盖章）：　　　　　　　　　　　　　　　　　　　年度：

序号	招用人员姓名	身份证号码	证件编号	类型（1）（2）（3）（4）	本企业工作时间（单位：月）

注：

1. 类型包括：

（1）纳入全国扶贫开发信息系统的农村建档立卡贫困人员；

（2）在人力资源社会保障部门公共就业服务机构登记失业半年以上人员；

（3）零就业家庭、享受城市居民最低生活保障家庭劳动年龄内的登记失业人员；

（4）毕业年度内高校毕业生。

2. 上述（1）类人员不需填写证件编号，其他类型人员填写（就业创业证）编号。

三、凭《就业创业证》享受上述优惠政策的人员，按以下规定申领《就业创业证》

1）失业人员在常住地公共就业服务机构进行失业登记，申领《就业创业证》。对其中的零就业家庭、城市低保家庭的登记失业人员，公共就业服务机构应在其《就业创业证》上予以注明。

2）毕业年度内高校毕业生在校期间凭学生证向公共就业服务机构申领《就业创业证》，或委托所在高校就业指导中心向公共就业服务机构代为申领《就业创业证》；毕业年度内高校毕业生离校后可凭毕业证直接向公共就业服务机构按规定申领《就业创业证》。

四、税收优惠政策管理

1）严格各项凭证的审核发放。任何单位或个人不得伪造、涂改、转让、出租相关凭证，违者将依法予以惩处；对出借、转让《就业创业证》的人员，主管人力资源社会保障部门要收回其《就业创业证》并记录在案；对采取上述手段已经获取减免税的企业和个人，主管税务机关要追缴其已减免的税款，并依法予以处理。

2）《就业创业证》采用实名制，限持证者本人使用。创业人员从事个体经营的，《就业创业证》由本人保管；被用人单位招用的，享受税收优惠政策期间，证件由用人单位保管。《就业创业证》由人力资源社会保障部统一样式，各省、自治区、直辖市人力资源社会保障部门负责印制，作为审核劳动者就业失业状况和享受政策情况的有效凭证。

3）《企业吸纳重点群体就业认定证明》由人力资源社会保障部统一样式，各省、自治区、直辖市人力资源社会保障部门统一印制，统一编号备案，相关信息由当地人力资源社会保障部门按需提供给税务部门。

4）县以上人力资源社会保障、税务部门及扶贫办要建立劳动者就业信息交换和协查制度。人力资源社会保障部建立全国《就业创业证》查询系统（http://jyjc.mohrss.gov.cn），供各级人力资源社会保障、财政、税务部门查询《就业创业证》信息。国务院扶贫办建立全国统一的全国扶贫开发信息系统，供各级扶贫办、人力资源社会保障、财政、税务部门查询建档立卡贫困人口身份等相关信息。

5）各级税务机关对《就业创业证》或建档立卡贫困人口身份有疑问的，可提请同级人力资源社会保障部门、扶贫办予以协查，同级人力资源社会保障部门、扶贫办应根据具体情况规定合理的工作时限，并在时限内将协查结果通报提请协查的税务机关。

五、本公告自 2019 年 1 月 1 日起施行

《国家税务总局 财政部 人力资源社会保障部 教育部 民政部关于继续实施支持和促进重点群体创业就业有关税收政策具体操作问题的公告》（国家税务总局公告 2017 年第 27 号）同时废止。

特此公告。

国家税务总局 人力资源社会保障部 国务院扶贫办 教育部
2019 年 2 月 26 日

延伸阅读 2

国务院关于推动创新创业高质量发展打造"双创"升级版的意见（节选）

国发〔2018〕32号

二、着力促进创新创业环境升级

（三）简政放权释放创新创业活力。进一步提升企业开办便利度，全面推进企业简易注销登记改革。积极推广"区域评估"，由政府组织力量对一定区域内地质灾害、水土保持等进行统一评估。推进审查事项、办事流程、数据交换等标准化建设，稳步推动公共数据资源开放，加快推进政务数据资源、社会数据资源、互联网数据资源建设。清理废除妨碍统一市场和公平竞争的规定和做法，加快发布全国统一的市场准入负面清单，建立清单动态调整机制。（市场监管总局、自然资源部、水利部、发展改革委等按职责分工负责）

（四）放管结合营造公平市场环境。加强社会信用体系建设，构建信用承诺、信息公示、信用分级分类、信用联合奖惩等全流程信用监管机制。修订生物制造、新材料等领域审查参考标准，激发高技术领域创新活力。引导和规范共享经济良性健康发展，推动共享经济平台企业切实履行主体责任。建立完善对"互联网＋教育""互联网＋医疗"等新业态新模式的高效监管机制，严守安全质量和社会稳定底线。（发展改革委、市场监管总局、工业和信息化部、教育部、卫生健康委等按职责分工负责）

（五）优化服务便利创新创业。加快建立全国一体化政务服务平台，建立完善国家数据共享交换平台体系，推行数据共享责任清单制度，推动数据共享应用典型案例经验复制推广。在市县一级建立农村创新创业信息服务窗口。完善适应新就业形态的用工和社会保险制度，加快建设"网上社保"。积极落实产业用地政策，深入推进城镇低效用地再开发，健全建设用地"增存挂钩"机制，优化用地结构、盘活存量、闲置土地用于创新创业。（国务院办公厅、发展改革委、市场监管总局、农业农村部、人力资源社会保障部、自然资源部等按职责分工负责）

三、加快推动创新创业发展动力升级

（六）加大财税政策支持力度。聚焦减税降费，研究适当降低社保费率，确保总体上不增加企业负担，激发市场活力。将企业研发费用加计扣除比例提高到75%的政策由科技型中小企业扩大至所有企业。对个人在二级市场买卖新三板股票比照上市公司股票，对差价收入免征个人所得税。将国家级科技企业孵化器和大学科技园享受的免征房产税、增值税等优惠政策范围扩大至省级，符合条件的众创空间也可享受。（财政部、税务总局等按职责分工负责）

（七）完善创新创业产品和服务政府采购等政策措施。完善支持创新和中小企业的政府采购政策。发挥采购政策功能，加大对重大创新产品和服务、核心关键技术的采购力度，扩大首购、订购等非招标方式的应用。（发展改革委、财政部、工业和信息化部、科技部等和各地方人民政府按职责分工负责）

（八）加快推进首台（套）重大技术装备示范应用。充分发挥市场机制作用，推动重大技术装备研发创新、检测评定、示范应用体系建设。编制重大技术装备创新目录、众创研发指引，制定首台（套）评定办法。依托大型科技企业集团、重点研发机构，设立重大技术装备创新研究院。建立首台（套）示范应用基地和示范应用联盟。加快军民两用技术产品发展和推广应用。发挥众创、众筹、众包和虚拟创新创业社区等多种创新创业模式的作用，引导中小企业等创新主体参与重大技术装备研发，加强众创成果与市场有效对接。（发展改革委、科技部、工业和信息化部、财政部、国资委、卫生健康委、市场监管总局、能源局等按职责分工负责）

（九）建立完善知识产权管理服务体系。建立完善知识产权评估和风险控制体系，鼓励金融机构探索开展知识产权质押融资。完善知识产权运营公共服务平台，逐步建立全国统一的知识产权交易市场。鼓励和支持创新主体加强关键前沿技术知识产权创造，形成一批战略性高价值专利组合。聚焦重点领域和关键环节开展知识产权"雷霆"专项行动，进行集中检查、集中整治，全面加强知识产权执法维权工作力度。积极运用在线识别、实时监测、源头追溯等"互联网+"技术强化知识产权保护。（知识产权局、财政部、银保监会、人民银行等按职责分工负责）

课堂活动与课后思考七

1. 为什么说产业结构调整需要创业者？
2. 为什么说"互联网+"时代需要创业者？
3. 简述大学生创业的时代意义。

第八课　创业者的素质和能力

 一、创业者的素质要求

自主创业不可能一蹴而就,创业者需要有一定的创业素质和创业能力。在大学毕业生创业的过程中,困难、挫折甚至失败是在所难免的。创业与创业者的意志品质、商业意识、经济头脑以及性格、兴趣爱好和特长等有着紧密的联系。

1. 创业意识

创业意识是创业素质的重要组成部分,包括创业动机、创业兴趣和创业理想等。

创业动机是指推动创业者从事创业实践活动的内部动因。创业动机是一种成就动机,是竭力追求获得最佳效果和优异成绩的心理动力。有了创业动机,才会有创业行为。

创业兴趣是指创业者对从事创业实践活动的情绪和态度的认识指向性。它能激活创业者的深厚情感和坚强意志,使创业意识得到进一步升华。

创业理想是指创业者对从事创业实践活动的未来奋斗目标有较为稳定和持久的向往和追求的心理品质。创业理想属于人生理想的一部分,但主要是一种职业理想和事业理想。创业理想是创业意识的高级形式,有了创业理想,就意味着创业者的创业意识已基本形成。

2. 创业者意志及个性

创业者作为企业经营管理决策人员,应有坚定的信念、坚忍的精神、必胜的信心和充沛的精力等。

创业者必须敢于创新。没有创新精神，不敢冒风险，就谈不上开拓。只有敢于试验，才能走出新路，干出新的事业。

创业者必须充分显示自己的个性。创业者最重要的内在素质，归结到一点，就是个性。个性特征包括主动性、洞察力、疑问性、独创性、自信心、严密性、幽默感和勇气等。

创业者经营企业时必须有战略眼光，能根据外部环境的变化迅速做出决策；创业者也是宣传鼓动家，要善于广泛地传播自己的企业文化，提高企业的知名度。

二、创业者的知识及能力

毕业生创业时面对着茫茫商海，仅具备一定的创业素质是不够的，还要有一定的知识和能力。

1. 创业者的知识要求

创业者应具有扎实的专业知识和宽广的综合知识，只有这样，才能正确分析形势，把握事物发展的全局，提出独到的见解和谋略，认清事物的本质，把握其规律，实现创业目标。

创业者应具备相关的商业知识，如商品交换、商品流通知识等。

创业者应具备一定的管理知识，如人事管理、资金财务管理、物资管理、生产管理和市场营销管理知识等。

创业者应具备相关的法律知识，如工商注册登记、经济合同和税务等法律知识。

2. 创业者的能力要求

对创业者来说，具备各种能力是创业成功的充分条件。因此，毕业生开始创业或在创业过程中都必须不断培养和提高其创业能力。这里所说的创业能力，可分解为学习能力、开拓创新能力、组织领导能力、协作能力和交际能力。

（1）**学习能力**　即获取知识的能力，包括对知识的接受、转化与应用。

（2）**开拓创新能力**　创新是知识经济的主旋律，是企业化解外界风险和取得竞争优势的有效途径。

（3）**组织领导能力**　有出色的领导水平，具备统帅能力和用人能力，有对自己员工的指挥、调动、协调以及对非人力资源的集中分配、调度和使用能力。

（4）**协作能力**　协作是创业者事业成功的重要支持力量，是善于合作共事的心理品质。

（5）**交际能力**　即在人际交往中能做到热情、真诚待人，能理解对方的心理，促进相互间的心灵沟通，建立理想的人际关系。成功的社会交往是促使创业成功的推进器。

三、创业者素质和能力的培养

1. 创业者素质的培养

(1) 意志品质的培养　意志品质的培养需要树立崇高的理想和志向,将理想和实际工作目标结合起来,在具体学习和工作中严于律己,出色地完成各项任务;同时要积极参加各种实践活动,加强意志的自我锻炼,积极参加体育活动,培养健康的体魄和意志品质。

(2) 创业意识的培养　目前我国大学在校生和毕业生创业比例低和成功率低的状况,与学校创业教育的缺失有很大关系。来自新加坡的 BNI 公司中国代表处首席代表郭相荫博士介绍说,在新加坡,创业教育从小学就开始了,学校通过"虚拟股份"之类游戏寓教于乐,对学生进行创业意识教育。

创业意识的形成要经过一段漫长的时间,同学们在学习期间可以通过专业知识的学习,选修企业经营、企业管理等课程,参加生产实习(了解实习)、社会调查等,培养自己的创业意识。毕业生在就业过程中还应该注重了解企业的生产、管理和销售等知识,注意培养自己的创业意识。

2. 创业者能力的培养

(1) 通过学习增长知识、提高智力　创业者必须经过理论和实践的学习使自己成为"T"形知识结构人才。"T"形是用字母 T 来表示,上面一横是指广博的知识面,下面一竖是指较深的专业知识。具有"T"形知识结构的人才也称为通才,创业者应当是通才。

(2) 通过学习和实践增长才能　创业能力的获得和提高,除了通过学习理论知识来培养自己的创业知识和能力外,更应注重在实践中锻炼和培养。事物是多种多样、变化无常的,客观情况和环境也是复杂多变的,创业者必须重视实践活动,并在实践活动中积累经验,培养自己的分析判断、决策、交流、组织指挥能力等。

延伸阅读 1

创业者需具备 8 种素养

新创企业的兴衰成败,在很大程度上取决于创业者的素质。一个成功的创业者通常需要具备哪些方面的素养呢?

(1) 宏观意识　开个小店是创业,办个工厂也是创业;三百六十行,行行都有自己的门道。但是国际形势在不断地变化,国内政策也在不断地调整,市场的波动可能带来机会,也可能带来毁灭性的灾难。培养宏观意识有利于抓住机会,避开危险。创业者要培养全球化意识,学会从宏观上分析问题,从高处往下看,反过来再寻找向上的阶梯。创业者虽然要从小做起,但是最终能够发展起来的都是具有宏观意识、能够把握住机会的人。

(2) 理性思维　创业是一步一步做大的,创业者要克服好高骛远、好大喜功的想法，树立务实的创业精神。创业者应当志存高远，但是同时也需要有脚踏实地的实干精神，步步为营按照市场规律办事，从小处做起。秦池酒厂花三亿元争夺广告"标王"，搞一个名牌，极具赌博性；巨人集团刚有几千万资金，就要建亚洲第一高楼。这些都属于典型的急功近利、不切实际的非理性决策。企业要根据现有的条件以及外部环境提供的可能性，制定切实可行的方案，进行理性决策。

（3）风险意识　　创业不能靠运气，而是要靠胆识和谋略，但又不能靠不计后果的赌博，它需要一种理性的风险投资意识。它集融资与投资为一体，因此必须要有一定的风险意识以及防范风险的意识。判断一定要准确、合理，考虑自己的能力及风险承受能力；还要时刻注意环境的变化，把风险控制在最低程度。

（4）人品正直　　作为创业者，企业规模小的时候，实行"人管人"；企业发展到了一定规模，创业者必须建立规矩和标准，适应"制度管人"。创业者必须以人为本，学会管人、育人、用人、激励人；切忌"家长制""一言堂"，克服个人英雄主义倾向，尊重人才，用好人才。创业者必须遵守诺言，信誉是金字招牌，忌信口开河、廉价承诺。自己做错了事情就要勇于承认错误，绝不狡辩；同时要做规章制度的模范执行者。

（5）自我否定　　从就业者到创业者，有时会犯经验主义错误。经验是一种宝贵的财富，背离自己的经验，倾听属下的建议有时不容易做到，但是对于创业者来说却是非常重要的。刚愎自用、拒绝否定自我是创业过程中最大的敌人，也是许多创业者最容易犯的错误。从某种意义上看，创业者大多数是理想的现实主义者，他们希望以一种浪漫的手法来实现自己的目标。创业者必须做好两点：一是要对经验采取审视态度；二是善于倾听，老老实实地读书、思考问题，认认真真地向别人请教，使自己具有持之以恒的创新精神。

（6）运筹能力　　初创企业的发展总是从小到大的。企业小时，创业者需要务实；做大了就要适当务虚。创业者必须能妥善分配企业的资源，调整企业的方向，应该追求运筹帷幄、决胜千里，切忌凭借感觉和冲动做事；如果做错了再去救火，企业可能已经破产了。创业者对日常每一项工作都应该按照统筹学的要求，慎重地对待每一次决策，时刻警惕着市场上的点滴变化。

（7）协作精神　　学会如何与他人合作是创业者要解决的一大难题。许多合作不欢而散的原因，一是个人过于主观，怕被别人轻视；二是利益上的冲突难以协调。但是对于企业来讲，协作是非常重要的，许多情况下把人员组织好，就可以做出很好的业绩来。创业者选好自己的项目以后，要培养与人协作的精神，不要自以为是、目中无人，也不要钻到钱眼里。协作包括两个方面：一是与外部单位的合作，在这方面要有长远眼光；二是与内部员工的合作，不要斤斤计较，在利益分配上要公正、合理，学会与人交流，加强与合作者情感上的沟通，居高临下的姿态是不可取的。

（8）个人魅力　　个人魅力作为职务影响力的必要补充，可以凝聚人心，鼓舞士气，使员工乐意为自己的企业工作，也可以给自己的合作伙伴留下美好的印象。个人魅力对于创业者来说，第一是讲信誉，所谓"言必信，行必果"；第二是诚实，要切合实际制定方案；第三是胸襟宽广，厚人薄己，勇于承担责任；第四是要懂得一些必要的专业知识。此外作为创业者，还应该关心职工的工作、学习与生活，服务于企业，造福于社会。

（来源：《中国教育报》）

延伸阅读 2

创意产业

创意产业也称创意经济、创新经济、创意工业、创造性产业等，指那些从个人的创造力、技能和天分中获取发展动力的企业，以及那些通过对知识产权的开发创造潜在财富和就业机会的活动。它通常包括广告、建筑艺术、艺术和古董市场、手工艺品等。它最先由英国提出，随着社会的不断发展，它的内涵外延越来越宽泛，相关书籍、相关链接也越来越多，而且成为美学成就的品牌。

随着高科技与文旅产业的高度融合，5G 背景下的互联网＋、大数据、云服务、人工智能等均创造出一批令人惊异的文化产业的新产品、新组合和新业态，构建起一个跨界的文化产业新业态。从超高清 4K、8K 电视新荧屏，到虚拟现实 VR、增强现实 AR、混合现实 MR，从国际国内漫天快闪的"小视频"，到 3.0、4.0 版的沉浸式"清明上河图"或"3D 立体圆明园"网络在线，科技创造了新文化新文明，文化赋能文化产业新时代。

随着新时代的来临，人们对精神、文化、娱乐、休闲以及艺术、美学的更高需求迅速增长。"90 后""00 后"消费群体逐渐成为我国文化消费的主群体，如何加强调查和引导，关注文化消费模式的新变化，努力培育体验式、互动式、服务型的新型文化消费模式，成为高质量发展必须攻坚解决的问题。

（来源：光明理论网）

课堂活动与课后思考八

1. 简述创业者要具备的素质和能力。
2. 创业意识包括哪些内容？如何培养创业意识？
3. 创业素质并非人人都具备，阅读下面材料思考自己是否具备创业素质。

美国的心理测验专家约翰·勃劳恩说："创业的技巧虽然是学来的，但是具有某些素质的人占了先天的优势。"并非所有的人都具有创业的素质。心理社会学家认为，以下十类人不具备创业的素质：

1）缺少职业意识的人。

2）优越感过强的人。

3）唯上是从，只会说"是"的人。

4）偷懒的人。

5）片面和骄傲的人。

6）僵化和死板的人。

7）感情用事的人。

8）多嘴多舌与固执己见的人。

9）胆小怕事、毫无主见的人。

10）患得患失又容易自满的人。

4. 创业可行性自测。

1）你对创业企业的法律知识是否明确？

　　是　　不确定　　否

2）你有把握筹集到创建自己企业的启动资金吗？

　　是　　不确定　　否

3）你确定了将要出售的商品或提供的服务吗？

　　是　　不确定　　否

4）你是否做了市场细分并确定了你的销售对象？

　　是　　不确定　　否

5）你是否访问过 10 位以上潜在的顾客，并询问他们对你的产品或服务的意见？

　　是　　不确定　　否

6）你知道谁是你的现实或潜在的竞争对手？

　　是　　不确定　　否

7）你对主要竞争对手做过优势和劣势比较吗？

　　是　　不确定　　否

8）你的开业地址确定了吗？

　　是　　不确定　　否

9）你对销售的商品或提供的服务制定出价目表了吗？

　　是　　不确定　　否

10）你是否决定花一部分钱做广告宣传？

　　是　　不确定　　否

11）你对企业的促销做出了预算吗？
    是   不确定   否
12）你是否已做了一年的销售预测？
    是   不确定   否
13）你是否已经根据销售预测做出了盈亏平衡分析？
    是   不确定   否
14）你对开业一年的损益状况做出预测分析吗？
    是   不确定   否
15）你第一年的经营能保证不亏损吗？
    是   不确定   否
16）你制订了第一年的现金流量计划吗？
    是   不确定   否
17）你和开业有关的政府各部门都接洽过吗？
    是   不确定   否
18）如果向银行贷款，你是否有担保的资产？
    是   不确定   否
19）你知道需要怎样的员工及员工的数量吗？
    是   不确定   否
20）你知道雇用员工所必须了解的法律知识吗？
    是   不确定   否
21）你知道对员工必须承担的责任和义务吗？
    是   不确定   否
22）你知道什么是为职工缴纳的"三金"吗？
    是   不确定   否
23）你知道你的企业必须投保哪些险种吗？
    是   不确定   否
24）你的企业是否需要办理"特种行业"的申办手续？
    是   不确定   否
25）你对申办企业的手续做过详尽的咨询和调查吗？
    是   不确定   否
26）你清楚你的企业必须办理哪些许可证吗？
    是   不确定   否
27）你是否为申办你的企业制定了申办流程和期限表？
    是   不确定   否

28）你了解将涉足的行业吗?
　　　是　　　不确定　　　否

29）你办企业是否获得家人的支持并已安排好了家庭开支?
　　　是　　　不确定　　　否

30）你是否坚信一定能把自己的企业办好?
　　　是　　　不确定　　　否

💡 提示：选择"是"得3分，选择"不确定"得1分，选择"否"得0分。

满分为90分，高分为80分以上；如果你的得分为60分以下，建议你需要继续努力，等准备较充分时再进入创业实施阶段。

第九课　创业的准备与实践

一、创业相关知识与准备

（一）创业实务知识

1. 工商税务知识

（1）工商登记　工商登记是国家对生产经营者所行使的管理职能之一，也是生产经营者确认自身合法地位的法律程序。生产经营者为了保护自己的合法权益，必须在法律上明确其地位，从而在法律的保护下从事正常的生产经营活动。

申请开办公司的，应先提交开办公司的申请报告。申请报告应写明开办公司的宗旨、公司的名称、地址、组建负责人的姓名、公司的性质、生产经营范围、生产经营方式、公司资金总额、职工人数、筹建日期以及其他需要写入的内容。

工商登记审批程序的最后一个环节就是领取营业执照。

工商行政管理机关在审查核实的基础上填写营业执照或企业法人营业执照，由主管领导签署意见并记录在案，同时出具核准登记通知书，通知被核准的人员或公司。生产经营者领取营业执照后，即标志着已取得了合法的生产经营资格；如果开办的是公司，在接到核准登记通知书后，法定代表人到登记主管机关领取执照，并由公司法定代表人行使签字备案手续。公司自领取营业执照之日起即宣告成立，标志着公司取得了法人资格，同时也取得了公司名称专用权和生产经营权，公司的合法权益受国家法律保护，也确定了公司必须承担国家法律规定的义务和责任。

（2）税务登记　守法经营、依法纳税是每个公民应尽的义务。为了保证生产经营活动顺利开展，生产经营者应在领取营业执照之日起 30 日内到税务机关进行税务登记。

税务登记的内容主要包括：工商户的名称、地址、经济性质、主管部门、生产经营范围、经营方式、资金状况、工商行政管理部门的工商登记证照号码、开户银行及账号等。

2. 金融保险知识

创业所从事的生产经营活动一旦开始运营，就每时每刻都与资金打交道。离开了钱，生产经营活动将寸步难行。企业购买原料、卖出产品、发放工资、交纳税款、支付利息等都必须与资金打交道。怎样从银行借钱？怎样才能合理地使用资金？怎样才能有效地回避风险？这就要求创业者掌握同银行及保险部门打交道的基本知识，利用现代社会的信用和保险制度，为创业服务。

3. 经济法律知识

毕业生在创业中必然会遇到很多法律问题，而守法经营是法律对每个生产经营者的基本要求。学会运用法律知识处理有关问题可以有效地避免损失，提高效益。这里着重介绍与创业密切相关的几个法律法规问题。

（1）个人独资企业　所谓个人独资企业，是指在中国境内设立，由一个自然人投资、财产为投资人个人所有、投资人以其个人财产对企业债务承担无限责任的经营实体。它具有以下主要特征：

1）一个自然人投资，其财产为投资人个人所有。不仅企业初始的资产为投资人所有，而且企业成立后存续期间形成的所有财产，也归投资人所有。

2）投资人以其个人财产为企业债务承担无限责任。这里包括三层意思：一是企业的债务全部由投资人承担；二是投资人承担企业债务的责任范围不限于出资；三是投资人对企业的债权人直接负责。

（2）合伙企业　所谓合伙企业，按照我国 2006 年 8 月 27 日第十届全国人民代表大会常务委员会第二十三次会议修订，自 2007 年 6 月 1 日起施行的《合伙企业法》规定，就是自然人、法人和其他组织依照《合伙企业法》在中国境内设立的普通合伙企业和有限合伙企业。

设立合伙企业必须有合格的合伙人，且合伙人数应不少于两人，但由于合伙企业的合伙性质，合伙人相互之间的信任尤其重要，因此，在实践中合伙人的人数不宜太多，一般不超过 20 人。

合伙人必须具有相应的民事能力，即为完全民事行为能力人，且能承担无限责任。限制行为能力人不得作为合伙人，无行为能力人当然更不得作为合伙人，所以，只有 18 周岁以上的人和已满 16 周岁未满 18 周岁但以自己的劳动收入作为主要生活来源的人，才能作为合伙人。

（3）公司企业　按照我国的《公司法》，公司是指依照《公司法》在中国境内设立的有限责任公司和股份有限公司。二者都是企业法人。

有限责任公司是指股东以其出资额为限对公司承担责任，公司以其全部资产对公司的债务承担责任的企业法人。

股份有限公司是指全部资本为等额股份，股东以其所持股份为限对公司承担责任，公司以其全部资产对公司的债务承担责任的企业法人。

公司股东作为出资者按投入公司的资本额享有所有者的资产受益、重大决策和选择管理者等权利。公司享有由股东投资形成的全部法人财产权，依法享有民事权利，承担民事责任。

有限责任公司由 50 个以下的股东出资设立。设立时应当具备 5 个条件：一是股东符合法定人数；二是股东出资达到法定资本最低限额（注册资本应由股东一次全部缴足）；三是股东共同制定公司章程；四是有公司名称和符合有限责任公司要求的组织机构；五是有固定的生产经营场所和必要的生产经营条件。

股份有限公司可以采取发起设立和募集设立的方式。设立股份有限公司应当具备 6 个条件：一是发起人符合法定人数；二是发起人认缴和社会公开募集的股份达到法定最低限额；三是股份发行、筹办事项符合法律规定；四是发起人制定公司章程并经创立大会通过；五是有公司名称和符合股份有限公司要求的组织机构；六是有固定生产经营场所和必要的生产经营条件。

（二）创业场地及资金的准备

1. 创业场地的准备

毕业生立志创业以后，在选择创业方向和形式的同时，也要考虑创业的企业（公司）场地问题。企业（公司）场地的选择与企业（公司）类型有关。开办生产性企业，要考虑生产必需的供水、供电、通信以及道路交通等问题。开办服务性企业要考虑方便顾客。企业（公司）场地的选择可根据具体情况决定是购买还是租赁。

2. 创业资金的准备

创业资金是创业成功的必要保证。这要求创业者在创业前能筹集到一定数量的资金。筹集创业资金的方法一般有储蓄自备和借贷两种。

二、创业方向和形式的选择

1. 创业方向的选择

选择什么项目作为自己的创业方向呢？这是创业者创业之初首先要考虑的问题。一般对初次创业者来说应考虑以下因素。

（1）选择资金周转期短的行业　创业起步阶段，因为自己的资金有限，而且有限的资金要用于办理各种手续,购置固定资产,购买原材料等,因此选择的行业,其资金周转期要尽可能短一些。在确定创业项目之后,如果只有资本而无周转资金,创业经营就会困难重重,创业目标就难以实现。

(2)选择技术性要求不太高的行业　一般来说,在小资本创业初期,可以选择技术性要求不高、资本需要量不大的行业。因为技术性要求过高往往对创业资本的要求也比较高。

(3)选择成长性的行业　创业就是要使自己的事业不断发展壮大。一个成功的创业者所选择的创业行业应该是成长性行业。企业经营业绩比较好,而且逐年增长,甚至有高速发展的前景,这才是有前途的创业行业。有发展前途的行业既是对创业者的挑战,也能够给创业者以更多的回报。所以,在选择创业行业的时候一定要考虑所选行业的成长性。

2. 创业形式的选择

要想创业成功,可以根据自身的实际情况,选择最合适的创业形式。根据大学生创业成功者的经验,创业形式一般有以下几种。

(1)开办自己的企业　开办自己的企业,从头干起,这是很多成就大业的创业者最常用的方法。从头开始虽然相对比较困难,但最大的好处是一张白纸可以描绘最新最美的图画。大学生创立一人有限责任公司和有限责任公司是较为理想的创业选择形式。首先,大学生创业初期普遍存在资金短缺、融资渠道不畅、承担风险能力较弱等问题,而根据我国的《公司法》第26条规定,有限责任公司的注册资本为在公司登记机关登记的全体股东认缴的出资额。法律、行政法规以及国务院决定对有限责任公司注册资本实缴、注册资本最低限额另有规定的,从其规定;其次,我国尚没有自然人破产制度,有限责任公司的股东以出资额为限对公司的债务承担责任,不像合伙企业那样要承担无限连带责任,因此一人有限责任公司和有限责任公司形式能对创业者起到"保护屏障"的作用;第三,面对未来,一人有限责任公司和有限责任公司的形式更有利于专业化管理,有利于把企业做强做大,更能满足大学生的创业欲望。

(2)合作经营　合作经营是利用原有的企业、公司等的场地、设备、技术、资金合作生产、加工某种产品。合作经营可以节省大量的时间与精力,缩短创业周期,投入相对比较低。

(3)特许经营　特许经营是目前世界流行的经营模式。特许经营总部通常有一个成功的产品,并有标准的经营方式,可以像复印机一样复制,如肯德基、麦当劳、佐丹奴专营专销以及汽车、空调、彩电、摩托车等特约销售、维修等。特许经营目前发展速度很快,一些知名品牌的特许经营体系中,网点规模增加很快,有的一年可以增加上百个网点,这说明社会上越来越多的人正加入到特许经营的创业中。特许经营提供了一种低风险的双赢模式。特许经营成功的关键在于选择合适的特许经营系统。

（4）自由职业者　自由职业者就是创业者通过设计、咨询、策划、计算机编程、写作、翻译等一些创造性的劳动或专业技术工作而获得报酬或利润。自由职业也是创业的一种形式。如果既想做老板，又不想太累，最好的途径就是做自由职业者。

（5）网上创业　网上创业将成为大学生就业的新途径。网上创业一般和现实生活中的创业一样，有独立的公司（即网站站点），有经营项目（即论坛、网店之类），有员工，有特定的工作（论坛发帖、网店进货、销售等），是指员工为公司（网站）所经营的项目（论坛、网店）而工作（发帖、进货、售货等）。教育部高教司负责人表示，良好的技术素质与理论知识是大学毕业生实现网上创业的重要条件。网上创业无疑让面临就业压力的毕业生多了一种选择。"人在家中坐，钱从网上来"的新就业方式正在向我们走来。

由于科技的发展，社会经济格局的变化，自由职业者具有越来越强的生命力与影响力。据有关资料介绍，现在美国新创的小企业中，自由职业者占了30%左右，还将有上升的势头。在我国经济发达的地区，也有越来越多的人选择了这种创业形式。

世界已开始步入知识经济时代，企业的核心竞争力已不在于固定资产的多少，而在于掌握专业知识、高新技术和经验的程度。虚拟企业在技术的支持下，可以大有作为。只有一个人的企业，也可以有上百万、千万的资产和营业额。

但是，只有知识密集型行业才适合自由职业者生存与发展。成功的自由职业者很大程度上依赖个人在业界的声誉与地位。由于其工作的特殊性，很难对其工作成果进行有效的评估，判断的标准大多借助个人的名气。有名气的人可以待价而沽，没有名气的人寸步难行。自由职业者还必须有广泛的人际关系才能够生存与发展。自由职业者是真正的一人企业，管理企业就是管理自己，良好的自我控制能力是其创业成功的关键因素。

3. 创业项目的选择

（1）做自己喜欢做的事　当所从事的工作是自己喜欢做的事情时，人们在工作时就会投入极大的热情，也就容易取得成功。在创业项目的选择上，创业者一定要考虑以下问题：①我喜欢做老板吗？②我喜欢现在选择的项目吗？③现在选择的项目是否需要特别资格或特许经营？我具备相应的能力和资格吗？

（2）做自己熟悉的事　要想使自己的生意成功，就一定要选择自己熟悉的事来做。例如，具备某一类的商品知识、制造技术与从业经验；懂得某种服务性行业的服务要求、服务方法及相关技术，还要具备相应的经营管理能力与经验；懂得供应商的供货方式；清楚顾客群的基本情况。

创业仅靠热情是远远不够的。在创业的初期，创业者对项目的喜欢程度很重要，但生意能否做下去，在很大程度上还取决于创业者对项目的熟悉程度。广州话"做生不如做熟"说的就是这个道理。创业之初会面临很多困难，诸如资金不足、客户不多甚至没有客户、对生意场上的复杂性估计不足等，如果从事自己不熟悉的行业，那么开业后亏本甚至倒闭的可能性很大，除非创业者有资本并能雇到一个十分可靠而且能做好这个行业的经理。独当一面去从事既缺乏相关知识又无实际经验的工作难以成功，这也是在新开业的企业或商铺中有 40% 以上失败的原因之一。

 ## 三、实践创业构想

（一）拟定创业计划

创业计划是保证创业成功的关键因素之一。要想取得创业成功，就必须根据初步确定的创业目标和自身条件拟定一份详细的创业计划。创业计划是实践的行动指南。

1. 创业项目的市场调查

创业计划主要是根据市场提供的创业信息来编制的。投资办企业、生产产品的创业者在拟定创业计划前，应对创业项目所涉及的一些具体问题做进一步的市场调查，从而有的放矢，使创业计划具有可实施性。在拟定创业计划时，应对创业项目的外部环境、市场需求、现有资源及原材料、竞争对手、投资成本及价格预测等进行全面调查与了解，以获得必要的信息。

2. 创业计划的内容

在认真做好市场调查的基础上，根据初步确定的创业目标和创业构想，开始拟定创业计划。创业计划既可以分为创建计划和创业经营计划两部分叙述，也可以合并叙述。创建计划是指如何创建自己的事业，如何将创业构想变成现实。创业经营计划是指对未来事业的全面计划，明确未来事业做什么、怎么做、如何做好。创业计划一般有以下内容：总体叙述、组织机构说明、产品（服务）内容、市场和销售预测、生产的规划、工作进度安排、财务预算等。

3. 拟定创业计划应注意的问题

（1）创业计划要符合实际　拟定的创业计划必须符合自己的实际情况，做到心中有数。计划要切实可行，具有可操作性。

（2）创业计划要量力而行　创业是开拓性、进取性事业，不可能一步登天。要根据自己的财力、物力、技术、特长、管理能力等因素，综合考虑创业计划。要从小做起，不要把摊子铺得过大。要脚踏实地，一步一个脚印地把自己的事业做大做强。

（3）要把握市场行情　了解最新信息，掌握他人心理，做好投资分析。投资分析尽可能客观全面。要尽量保持冷静的头脑，客观地分析各种影响因素，不能用投机的心态进行投资分析。

（二）实践创业构想的基本程序

实践创业构想的基本程序如图 9-1 所示。

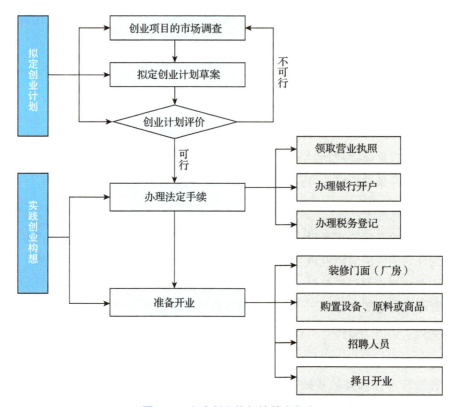

图 9-1　实践创业构想的基本程序

（三）生产经营管理相关知识

企业生产经营管理是一门综合性、应用性的科学。掌握好企业的生产经营管理知识，对于经营管理好企业、提高经济效益具有十分重要的现实意义。

（1）生产管理　企业在创办初期尤其要重视生产管理，规范生产行为，这样才能给企业带来较好的经济效益，才能使企业有较强的发展后劲。企业的生产管理主要有生产计划、产品管理、日常生产的组织、产品质量的控制、生产要素管理5个方面的内容。

（2）营销管理　创业的成功，必须有科学的营销组织形式，制定适应市场变化的营销策略。企业的营销管理主要有市场营销计划、经营决策等方面的内容。

（3）财务管理　财务是企业生产经营过程中财务活动和它体现的企业与各方面财务关系的统一。财务管理是人们根据生产经营活动情况，组织财务活动和正确处理各种财务关系，以达到预定的财务管理目标的一种管理活动。企业财务管理的主要内容包括筹资管理、投资管理和收益分配管理3个方面，它们之间是相互联系、有机统一的。这三大内容是企业财务管理的基本任务，同时也是企业财务人员的基本职责。能否有效筹集企业生产经营活动中所需的资金，能否有效地投放资金，能否合理地组织收益分配，是衡量企业财务管理水平的基本依据。

时代的发展，社会的进步，经济制度的变革，孕育了一个伟大的创业时代。迅速发展的时代不仅需要大批的创业者,而且为创业提供了前所未有的优越条件。《中华人民共和国个人独资企业法》明确规定:有必要的从业人员、有投资人申报的出资、有合法的企业名称、有固定的生产经营场所和必要的生产经营条件,就可以申请注册个人独资企业;国家依法保护个人独资企业的财产和其他合法权益;个人独资企业可以依法申请贷款、取得土地使用权等。

创业就是激励自己,开发自己最大的潜能;创业就是善于发现,善于挖掘,发现和挖掘一生中那些通往成功的无数潜在的时机;创业就是创造,创造新的就业岗位、创造新的成功机遇、创造新的富于挑战的人生。如果我们自主创业,我们自己就是老板,我们就是自己命运的主人。

人都应当有自己的理想,人都希望实现自己的理想,在时代的大舞台上一显身手,创一番事业。创业是当今时代的关键词,是经济增长的推动力,创业者和创业的未来从来没有像现在这样充满希望,充满活力。我国的发展需要创业,有远见的青年学生应该勇敢地站在时代的前列,加入到创业者的行列。

延伸阅读 1

"创青春"全国大学生创业大赛

2013年11月8日,习近平总书记向2013年全球创业周中国站活动组委会专门致贺信,特别强调"青年是国家和民族的希望,创新是社会进步的灵魂,创业是推动经济社会发展、改善民生的重要途径。希望广大青年学生把自己的人生追求同国家发展进步、人民伟大实践紧密结合起来,刻苦学习,脚踏实地,锐意进取,在创新创业中展示才华、服务社会。"党的十八届三中全会对"健全促进就业创业体制机制"做出了专门部署,指出了明确方向。为贯彻落实习近平总书记系列重要讲话和党中央有关指示精神,适应大学生创业发展的形势需要,在原有"挑战杯"中国大学生创业计划竞赛的基础上,共青团中央、教育部、人力资源和社会保障部、中国科协、全国学联决定,自2014年起共同组织开展"创青春"全国大学生创业大赛(见图9-2),每两年举办一次。

图9-2 "创青春"全国大学生创业大赛标识

1. 总体思路

以党的十八大和十八届二中、三中全会精神为指导,以"中国梦,创业梦,我的梦"为主题,以增强大学生创新、创意、创造、创业的意识和能力为重点,以深化大学生创业实践为导向,着力打造权威性高、影响面广、带动力大的全国大学生创业大赛。

以此为带动，将大学生的创业梦与中国梦有机结合，打造深入持久开展"我的中国梦"主题教育实践活动的有效载体；将激发创业与促进就业有机结合，打造整合资源服务大学生创业就业的工作体系和特色阵地；将创业引导与立德树人有机结合，打造增强大学生社会责任感、创新精神、实践能力的有形工作平台。

2. 大赛内容

（1）2014年大赛下设3项主体赛事：第九届"挑战杯"大学生创业计划竞赛、创业实践挑战赛、公益创业赛。

大学生创业计划竞赛面向高等学校在校学生，以商业计划书评审、现场答辩等作为参赛项目的主要评价内容。

创业实践挑战赛面向高等学校在校学生或毕业未满5年的高校毕业生，且已投入实际创业3个月以上，以经营状况、发展前景等作为参赛项目的主要评价内容。

公益创业赛面向高等学校在校学生，以创办非营利性质社会组织的计划和实践等作为参赛项目的主要评价内容。

以上3项主体赛事需通过组织省级预赛或评审后进行选拔报送。有关具体安排将另行通过书面通知、官方网站等形式和渠道进行公布。

（2）大赛将在符合大赛宗旨、具有良好导向的前提下，设立MBA、移动互联网创业等专项竞赛，由共青团湖北省委协调相关地方人民政府及高校负责具体组织，组织执行机构另设，奖项单独设立。

延伸阅读 2

2018年"创青春"全国大学生创业大赛终审决赛闭幕

11月3日，由共青团中央、教育部、人力资源和社会保障部、中国科协、全国学联、浙江省人民政府主办，浙江大学、共青团浙江省委承办的2018年"创青春"浙大双创杯全国大学生创业大赛终审决赛在浙江大学落下帷幕。

团中央学校部副部长李骥、浙江大学党委副书记郑强代表主承办单位在闭幕式上致辞。李骥在致辞中指出，一大批优秀青年学生在大赛中收获创业意识的萌发和创业能力的提升，在投身创新创业的实践中取得丰硕成果，在深化改革开放、促进经济社会发展中发挥着生力军作用。本届大赛以"弄潮创青春，建功新时代"为主题，突出创新＋精准、智慧＋人文、国际＋开放、公正＋规范的特点，参赛项目蕴含着很强的经济价值和社会价值，孕育着国家经济发展和产业升级的希望。各位参赛同学不仅充分展现了当代青年学子所富有的朝气、活力、创造力，也彰显了青年大学生勇立"大众创业、万众创新"时代潮头的青春风采。

他强调，我们处在一个伟大的新时代，一个需要努力完成"两个一百年"目标、全面建成社会主义现代化强国、实现中华民族伟大复兴的时代。他勉励青年大学生以本次大赛为契机，珍惜时不我待的历史际遇，主动肩负起属于自己的历史使命，踊跃投身创新创业的时代大潮，做挺立潮头的弄潮儿。

郑强在致辞中指出，本次大赛坚持公正、务实、前沿、精彩的总体目标，秉承创新、协调、绿色、开放、共享的理念，充分展现了新时代青年勇于创新、敢于挑战的精神风貌。从两年前接过"创青春"会旗开始，浙江大学就开始为完美地呈现这场盛宴做准备。全校上下凝心聚力，协同联动，确保各项工作稳步落实；创新创业研究院作为战略合作伙伴为大赛提供了充足的资金保障，为参赛团队提供最优的政策扶持；2000多名志愿者用最美丽的笑容、最贴心的服务展示了求是学子的青春风采。这次大赛的成功举办将让浙大"双创"氛围更加浓厚，让更多青年学生从"系统化、全链条"的创新创业教育模式中受益，助力打造浙大特色的创新创业教育实践品牌，引领全校师生共创一流事业、迸发创新活力、投身创业实践。大赛的结束也将是新的开始，会有越来越多的青年大学生在创新创业的道路上绽放光芒，为实现中华民族伟大复兴的中国梦书写更加绚丽的青春华章。

本次终审决赛期间还举办了人工智能青年论坛、原创话剧专场演出、杭州创新创业园区参观、创新创业成果交易会等活动。据统计，共有64家创投机构、71位知名投资人通过线上线下进行推介和投融资对接，其中线上投资接洽1259次，为150余个优秀项目提供线下深度洽谈189次，累计85个项目达成投融资意向。本届大赛还产生了124个金奖项目，为优秀项目与投融资机构搭建了有效对接平台，推动大赛成果转化和落地，取得了丰硕成果。逾3000名参赛学生和观摩师生参加了闭幕式。

（来源：创青春官网）

课堂活动与课后思考九

1. 创业前要进行哪些实务知识的学习和准备？
2. 怎样选择创业方向和创业项目？
3. 如何拟定创业计划书？
4. 如果在高校园区创办一家小书店，你能拟定一份创业计划书吗？

第十课 大学生创业案例

 一、创业路上的两朵金花

"创业路上没有捷径，一路走来，不断摸索。"

毕业后做过美容，开过网店，摆过地摊，开过饭店，这是杜瑞星之前做过的各种创业尝试。初次开网店由于选择的产品过于冷门，加上没有运营经验，在苦苦坚持了半年后而关店。辗转到深圳打拼后，杜瑞星也没有闲着，而是晚上下班后在路边摆地摊，批发小饰品、手表等物品再转手零售，这曾让她挣到一笔小钱，初尝创业带来的喜悦。闯过深圳，当过北漂，在杜瑞星看来，这些尝试有成功有失败，赚过钱也赔过钱，但这些都不重要，重要的是在这些经历中慢慢开阔了视野、提升了能力，尤其是说做就做的执行力，奠定了后来成功的基础。"创业路上没有捷径，一路走来跌跌撞撞，只有不断摸索，并坚定地执行下去，才有可能等到黎明的到来。"杜瑞星说。

"经历得多了，才会明白自己真正想要的是什么。"

北漂期间，杜瑞星在朝阳区望京附近开了一家西安特色美食饭店，小店在她的辛勤经营下从刚开始的亏损慢慢趋于收支平衡，营业额也不断增加。在大家看来，能在竞争激烈的北京开饭店挣钱是很不容易的事，当人们都觉得应该安稳地做下去的时候，杜瑞星却有了转行的想法。一直喜欢养生和美容的她，内心里始终没有放弃这个梦想，在她看来，在饭店经营稳定的情况下，趁着自己年轻，是时候去尝试自己真正想要的东西。为了不让家人过于担心，杜瑞星离开北京回到了老家河南，决心在河南省会郑州开始她的再一次创业。

> 昔日的 90 后村干部，今天的创业之花。

王琳璐前期的经历和杜瑞星有着几分相似，从河南中医学院毕业后，她发过传单、卖过车、进过外企医药公司，但这些工作并没有让她感到快乐，始终没有找到内心的方向。当时在家人的建议下，王琳璐选择了报考老家的村干部。经过三个月的努力备考，她顺利考上当地乡政府的村干部职务，半年后还被提升为村主任。也许是不喜欢受束缚的性格使然，以及从小受父母经商的影响，经过一年的工作经历，王琳璐觉得自己并不适合这个工作，应该去寻找更大的舞台锻炼自己。她不顾家人的反对，毅然离开了闪耀着光环的职业去自主创业。"如果不喜欢，那就坚决离开，一旦选了方向就要全力以赴。"王琳璐是这么说的，也是这么做的，在不断的尝试中，成功也一步一步向她走来。

> 偶然的机会，两朵金花相识，并携手开创一份美丽的事业。

采访中了解到，王琳璐和杜瑞星是在一次偶然的机会下相识，她们意气相投、惺惺相惜，很快成为知心好友并成为如今的创业伙伴。创业本来就充满了艰辛，自主创业，除了要有非凡的勇气，背后辛勤的付出更不可或缺。毕竟经验有限，创业之初难免上当受骗，有时候为了确保产品质量，她们两个人要坐火车到广州，亲自把几百箱货品装车发货。创业期间也有过争吵和分歧，走了不少弯路，但这些并没有影响彼此合作创业的初衷，反而让她们的方向越来越明确，道路越走越顺。一路走来，杜瑞星和王琳璐慢慢发现现在市场上产品质量鱼龙混杂、参差不齐，只有拥有自主产品才能保证产品质量，满足客户需求。经过不断努力，她们共同创立的焱琛商贸现在已经拥有多款自主产品，全国各地的线下团队也已经发展到 500 多家代理商，从而从源头上保证产品和服务质量。同时，焱琛商贸还会定期举办年会、产品发布会、拓展训练、外出旅游等活动打造一种自由、快乐、感恩的公司氛围，带领年轻的团队一起走向成功。

> "脚踏实地，坚持到最后，你就是最后的赢家。"

为了积极回馈社会，给当代青年人提供实用的创业指导，焱琛商贸与大学生创业网联手打造了第七届"焱琛杯"创业特训营活动，目的是通过素质拓展、创业培训、游学参观等方式培养青年学生的创业意识和创业技能，进而帮助更多有梦想的大学生实现创业梦想，改变人生。"有了想法就要脚踏实地地去做，坚持到最后，你就是最后的赢家。"这是杜瑞星给大学生的建议。虽然很简单，却是她创业过程中总结出来的真言。建议中王琳璐也谈到，"跟随时代，敢想敢干。遇到困难不能退缩，敢于面对、迎难而上是解决困难最好的手段。当你越过这道坎，会发现你又成长进步了很多。"

随着创业特训营系列活动的陆续开展，焱琛商贸的两位创始人将走进更多高校为大学生进行公益讲座和创业指导，她们也成为青年创业者的佼佼者，为当代大学生创业树立了榜样，期待有更多的大学生能像她们一样闯出一片自己的天地，实现创业梦想！（摘自大学生创业网）

二、青川"山大王"女孩开网店年销售千万

2009年,21岁的青川女孩赵海伶大学毕业后放弃了在大城市生活,选择回乡创业,帮助地震灾区青川的农户把土特产销往全国各地。她也因此成为青川县最早的一批网商,先后荣获5·12汶川大地震"新生榜样"、首届四川十大"溢彩女人"、四川经济年度人物提名、2010年阿里巴巴"全球十佳网商",2013年、2014年广元十大杰出青年等殊荣。2014年3月,赵海伶与《华西都市报》打造的四川最大的同城电商平台——八小时购物网进行了深度合作。

"我内心一直很感恩《华西都市报》,你们是最先报道并持续关注我发展的家乡媒体。"这个年轻女老总,如今为农村的电子商务模式创建了一个模板。

回乡创业开网店专卖特产

"读大学的时候,我就经常给同学们带老家的土特产,发现很多人知道青川木耳、竹荪、香菇、核桃很好,却不知道该到哪里去买。"2009年9月,从四川外语学院成都学院毕业的赵海伶,决定回到父母身边,同时也决定"靠山吃山",通过网络把家乡的这些"宝贝"卖出去。于是,她在淘宝网上开设了一家销售青川农产品的网店。仅仅一年,她的"海伶山珍"销售额就已突破100万元。然而创业初期的艰难,只有她自己知道,"那个时候没有稳定货源,没有物流,没有网络。"这个衣着简单、一头短发的年轻女孩,就背着比自己还大的背篓翻山越岭,挨家挨户收货。

青川灾后重建期间,网络还没完全接通,她就去县城学校借计算机来用。交通不便,物流公司不上门,为了及时给客户发货,她就扛着几十斤重的包裹,用大巴把货先送到成都。在赵海伶的不断努力下,当地先后引入了几家快递,慢慢改变着青川人的生活方式,也让网络消费渐渐进入这个小县城。

帮助农户们增收被称为"山大王"

2010年她成立了自己的公司,并注册了商标,同年合作的农户由最初的50多户发展到200多户。"一年后,我开设了实体店铺,开始线上线下相结合的道路,当年的销售额已经达到320多万元。"赵海伶的公司从最初的小仓库、小作坊逐步向规范化、规模化公司转化。

到2014年,赵海伶的合作农户发展到了3000余户,销售额已超过1000万元。2014年,她更是拥有了自己的标准化厂房和种植基地,从农产品销售者摇身变成了生产者。赵海伶说,创业以来,她每天都在面临各种挑战。从最开始只是解决自身的就业问题,到后来帮助深山里的农户增收,带动一批大学生就业。"看着大家收入逐年增加,这成为我继续前进的动力。"在赵海伶看来,虽然做农业很辛苦,但是这几年自己成长很快。一直给赵海伶供货的青川县瓦砾乡村民王树义说,赵海伶在青川县农民中享有很高的声誉,大家都尊称她为"山大王"。(来源:中国青年网)

三、从打工仔到公司执行董事

张海于1997年毕业于安徽机电职业技术学院（原芜湖机械学校）机电技术应用专业。毕业后由学校推荐到深圳富士康集团鸿准模具公司就业。1999年他联合钱正军（芜湖机械学校95届毕业生，机械工程专业）和张启伟（芜湖机械学校97届毕业生，机械制造专业）创办安徽天思朴超精密模具股份有限公司（见图10-1）。如今，凭借在精密加工和制造领域积累的精湛技术，以及在国内的4个工厂和在美国、欧洲及日本的销售公司，他们在不忽略客户的个性化要求的同时，向全球的客户提供高品质模具和注塑件服务。

图10-1　安徽天思朴超精密模具股份有限公司

1. 就业后勤奋工作、努力学习不断提高自身素质

2012年以来，安徽机电职业技术学院与安徽天思朴超精密模具股份有限公司举行校企合作，定向培养人才。

1997年张海同学来到富士康集团鸿准模具公司后，首先到培训基地接受培训，培训期间他严格要求自己，勤奋学习，虚心求教，做到以学习指导实践，以实践巩固学习，很快就掌握了模具制造的机床编程和操作。正式分配到工作岗位后，做到踏实苦干，爱岗敬业，能按质按量地完成生产任务。同时在工作与生活中能尊重同事、尊重领导，建立了良好的人际关系。一年后他担任了车间的班长，又经过半年的努力他走上了课长（台资企业车间的管理岗位）的工作岗位。

2. 先就业后创业

青年人要成就一番事业，必须先到基层一线锻炼自己并为创业做准备。孟子说："天将降大任于斯人也，必先苦其心志，劳其筋骨，饿其体肤，空乏其身。"许多成功人士都是从基层做起，并付出了艰苦的努力。天上不会掉馅饼，三分靠机缘，七分靠打拼，敢拼才能赢。

张海走上工作岗位后在勤奋工作、努力学习提高自身综合素质的同时，关注企业文化、企业管理、经营等方面的理论知识和实践，这些都为后来创业奠定了良好的基础。

3. 创办企业要先了解企业，了解市场

创业实际上是一个逐渐接近、了解并最终利用市场的过程。大学生要想成功创业，首先就要从熟悉市场开始。创造一个成功的企业，还要对企业自身有一定的了解，成功的企业往往是找准了定位。一个企业只有定位准确，才能把自己的优势发挥出来。企业要生存，拥有技术当然是重要因素，但随之而来的营销、物流等一整套流程，也是创业者需要

面对的。刚刚走出校门不久的大学生，没有实践经验，所以，采取先就业再创业不失为一个好办法。

延伸阅读 1

创业要善于从小处着手

前不久，在招商引资洽谈中，与一位拥有资产千万余元的民营企业家闲聊，得知他在十年前还只是个摆地摊的小生意人，经过十余年的拼搏，终于干成今天这个样子。

这位企业家有一番话，颇能给人启发："利大与利小从来都是相对而言的，一块大蛋糕，人人都争着吃，到最后人人都吃不饱；而一块不起眼的窝窝头，如果细细品尝，也能得到充足的营养，贪多求大、弃小鄙薄，往往会出现大事干不了、小事不愿干的尴尬结果。自主创业者应该善于从平常处觅得商机，善于从小处着手，积小利以致大富。"

在现实生活中，小利与大利并不是一成不变的。某种产品，当它供不应求、利润很大时，生产它的人一定会越来越多，时间一长，就可能供过于求，大利也将变成小利。相反，在小生意中不断寻找商机，适时而变，薄利也能像滚雪球一样，越滚越大，最终小利也能变成大利。

海尔集团董事长张瑞敏，从亏损 147 万元的小厂干起，到现在资产过亿，使海尔一举成为跨国大公司，他说过一句话："什么叫简单？把简单的小事情干好就是不简单。"正泰集团老总南存辉是从街头为人补鞋开始创业的，如今，正泰集团已连续多年跻身全国民企 500 强前 10 强。

我们有些人创业之所以屡屡失败，往往是因为缺乏从大处着眼、从小处着手的实干精神，总幻想一夜暴富，幻想天上会掉下馅饼，从而坐失致富良机。但愿那些正准备开拓一番新天地的创业者能从上述成功的实例中受到启发，正确对待大利与小利的关系，"勿以利小而不为"。

（来源：《中国教育报》）

延伸阅读 2

创业小项目，看看哪个适合你

创业者、投资商时刻在寻找最新的创业点子，瞄准每个能赚钱的创业小项目赚大钱。想要了解最新创业小项目，现在就把一些最新创业点子分享给大家，看看哪个适合你！

项目一：3D 音乐影像制作馆

3D 这一概念的原理来源于人们双眼存在的视觉差，即大家双眼自带的一种三维视觉特性。根据这一特性衍生的 3D 技术被广泛地运用在图像、影像上面，现在市面上到处都有的 3D 电影、3D 屏幕已经不是什么新鲜事，而近几年来出现的 3D 音乐影像，同样是在拿人们的视觉差来做文章。

它将 3D 技术运用在音乐、音频方面，使耳朵也能够体验到像 3D 电影那样带来的真实感、立体感，音乐不仅仅可以听，还能拿来"体验"呢！

该项目可以在顾客一边唱歌的过程中，一边录制具有 3D 立体效果的音乐专辑。其中有数百种 3D 效果图供顾客选择。另外在制作专辑过程中，还可以制作 MP3 音乐文件。目前该项目在大连、沈阳等地经营得不错。

! 提示

1. 该项目适合在幼儿园、中小学、高校附近投资。

2. 该项目可以依据使用环境不同，主打不同的功能，除了可以应用于卡拉 OK，还能够应用于路边的广告影像、教育讲座影像等。

项目二：进口休闲食品百货量贩店

进口休闲食品百货量贩店经营的食品、日用百货全部是纯原装进口，各项指标都经过进口国的各道检验工序，产品在做工、颜色、款式等方面处处体现精致时尚元素。

该店主要针对女性这一庞大的消费群体，因此在产品结构上更加突出女性需求，如美容工具类、厨房用品类、小甜食等。以大连、青岛等地为例，小店月平均净利润超过 2 万元。

! 提示

1. 因为其涉及的商品全部是原装进口，如果没有外贸渠道，不要盲目介入这个生意。目前最佳投资方式是加盟。

2. 目前市场需求最大的产品以日用百货为主，因此食品和百货两类商品的最佳比例是 3∶7。

项目三：鲜油坊

随着百姓健康意识的增强，人们正在逐步改变着传统的膳食结构，纯天然植物油越来越成为受大众欢迎的绿色食品。开家现榨现卖的鲜油坊，正顺应这一生活新趋势。

让人们亲眼看见你用油菜籽、花生仁榨出营养丰富、口感醇正的食用植物油，而且榨油的全过程又公开透明，人们肯定会放心地购买。

! 提示

1. 开业期间要做好宣传策划工作，宣传内容包括经营油品种类、各种服务项目

等,让更多的人了解鲜油坊的特色。

2. 尽量在人流高峰时榨油,这样既可体现"鲜"字,又可在油香四溢的同时提高油坊现榨现卖的宣传力度。可以对购油者发放品质保证卡或优惠卡促销。

3. 承接来料加工业务,批零兼营,薄利多销,拓宽业务范围。

项目四:主题移动餐车

所谓主题移动餐车就是一个小巧精悍的"移动厨房",不仅车内的设计简约时尚,而且各种烹饪设备一应俱全,煎、炸、烹、炒、烤、涮无所不能。这种机动餐车可以随时移动,一日三餐可以在不同的地方销售,像学校周围、写字楼、商业街、旅游景区都是不错的选择。

目前主题移动餐车发展不错的青岛地区,约有 200 辆主题移动餐车,每辆餐车每月约有万元的纯利。

> **提示**
>
> 投资前投资者应该充分了解当地的城管政策,是否允许主题移动餐车上街营业,另外,是否允许其可以移动性营业。

项目五:慢递邮局

慢递邮局办理一种给未来的某个人写信的业务。他们提供和普通邮局相同的信件投递服务,唯一的区别是,投递的时间由寄信人自己决定,可以是一月后、一年后,也可以是十年后、甚至更久以后。

收费标准上,当年寄出的信收费标准是 10 元,以后每推迟一年,收费标准增加一倍。目前北京地区的慢递邮局开业 1 年以来,赚取了三十多万元纯利。

> **提示**
>
> 这实际上是一种情感寄托业务,突出每个人内心自我的情感释放,因此建议选择在文化氛围较为浓厚的地区投资。

项目六:机器人培训馆

世界教科文组织专家预言:智能机器人将是人类 21 世纪最具有革命性的科技创新。各国政府对机器人新技术的投入和培养早已掀起了全世界的一场潮流。

目前国内有超过 200 万学生参与机器人活动,各省市教育部门以科技特长、课程应用等给予学生毕业升学的鼓励。

另外,智能机器人制作适用于 3~14 岁孩子的智力以及素质培训。

以大连某机器人培训馆为例,开业两年,学员从最初的每期 20 人,上升至每期 200 人,投资商现在每年的净利润超过了 70 万元。

提示

1. 由于该创业项目具有较高的科技含量，建议投资者以加盟方式进行投资，以获得技术支持。

2. 目前国内较为知名的机器人大赛有 FLL、WRO、RCJ，投资者选择加盟商一定要看对方是否具有举办或参加三类大赛的资质。

3. 目前国家相关教育政策鼓励该项目。

（来源：创业网）

课堂活动与课后思考十

1. 怎样理解"创业机遇就在你身边"这句话？

2. 先就业后创业是许多创业者采用的模式，你能从这种创业模式中领悟到什么？

3. 从你认识的亲戚朋友中或从新闻媒体中列举出创业成功或失败的案例，并分析其原因。

就业指导篇

　　求职择业是人生必经的一个门槛，毕业前后的择业过程也是大学生活的转折点。渴望选择一个好的单位、理想的职业，能够充分发挥自己的知识和技能，成就一番事业，这是每一个有进取心的高职毕业生梦寐以求的事情。掌握和了解就业政策、就业信息，合理编制就业资料，提高求职面试技巧，培育良好心态，这些都是求职就业能否取得成功的重要因素。本篇主要介绍：就业的市场意识与竞争意识、大学生就业政策、就业准备、面试礼仪与技巧等，以期对毕业生求职应聘有所帮助。

第十一课 就业的市场意识与竞争意识

 一、市场就业体制与就业方针

1. 市场就业体制

市场就业是指个人通过劳动力市场寻求就业，获得工作岗位。劳动力市场是一种社会体制，它的存在和运行具有5方面的要素，即劳动市场主体、客体、中介、过程和规则。从不同的角度，劳动力市场有不同的划分方法。从劳动力种类的角度，可以分为普通市场与人才市场两种，普通市场中又包括技术工人市场与非熟练工人市场；从劳动力市场存在形式的角度，可以分为固定机构性市场（包括职业介绍所、人才交流中心等）、集中交易性市场（各种人才招聘大会、人才供需见面会等）、散在性市场（如报纸、电视台的招聘广告等）。

劳动力市场就业体制是社会主义市场经济体制的一个组成部分，实行劳动力市场就业体制是我国劳动人事制度改革的核心内容。劳动力市场在我国的经济和社会生活中具有以下重要作用：劳动力市场是劳动者自由选择职业的场所，通过劳动力市场可以使个人走上合适的岗位；劳动力市场是各企业事业单位取得劳动力的场所，通过劳动力市场可以使用人单位组合经济活动要素，实现资源的优化配置；劳动力市场的建立及其全面运行，有利于我国经济体制改革的深化，有利于经济的增长与社会的发展；在劳动力市场就业体制下，就业存在平等竞争，失业有社会保险，这从根本上保证了公民的劳动权益和社会地位；劳动力市场状况是对社会劳动力供求状况的直接反映，也是宏观经济发展状况的晴雨表,并对教育事业具有导向的功能。实行双向选择的劳动力市场就业体制,可以使社会劳动力的生产、开发、配置、使用均处于主动状态,从而有利于人尽其才、才尽其用。

2. 市场就业方针

在经济体制改革与就业制度改革全面深化的情况下,我国实现了新的就业方针。这一方针要求政府通过发展经济和扩大就业岗位的各项努力,促进社会就业;劳动力市场是就业的主渠道,对个人择业和用人单位择员进行调节;劳动者个人积极努力,进入劳动力市场,通过各种渠道自主就业。

政府促进就业主要有以下途径:以国民经济和社会发展计划为指导,通过宏观经济政策促进经济的增长,通过深化改革促进生产力的发展,大大提高企业的经济效益,通过扩大对外开放促进经济的全方位发展,从根本上扩大就业岗位;在经济政策方面,协调发展经济与扩大就业,大力发展第三产业、社会就业和非公有制经济。

市场调节就业是指在劳动力市场上,人的就业通过求职者与用人单位之间的双向选择而实现。市场调节就业有利于社会劳动力资源的合理配置,进而实现劳动力资源的优化配置。在实现了劳动力资源的优化配置后,就能够满足各个用人单位的用人需要,发挥劳动者的才能与积极性,取得较好的经济效益与社会效益。

个人自主就业是指求职者进入劳动力市场,通过各种渠道自谋职业和自我创业。

二、增强市场就业意识

在劳动力市场就业体制下,劳动者个人有就业的权利和择业的自由。但是,存在一个人的自由择业权利,必然也存在他人的同等自由择业权利,这就产生了就业竞争;存在个人的自由择业权利,也就相应存在着用人单位选择人员和辞退人员的权利,这就产生了失业的风险。在市场经济体制下,政府通过劳动法、劳动合同和各项管理制度,维护劳动力市场的秩序,保障劳动者和用人单位的合法权益。

在市场经济体制下,毕业生应树立自主就业的观念,积极地实现就业,把握自己的命运。这是青年人应有的主动意识和自觉意识。增强市场就业意识,就是要关心市场就业动态,注意收集就业信息。作为在校学生,要接触社会、了解社会,做到学习有目标,就业不盲目。具体应从如下三个方面提高自身的就业能力。

(1)关心市场就业动态 一个地区的就业市场处于一种什么样的状态,有哪些岗位空缺,有多少数量需求,有哪些择业特点等,不仅毕业生应当随时关注,针对情况迅速调整自己的择业方案,在校学生也应当予以关注,以便根据劳动力市场变化的趋势,适时地调整自己的学业目标。

(2)收集信息,做有心人 在市场经济和科技进步的条件下,信息就是财富。树立信息意识,收集与本专业发展有关的信息和劳动力市场的就业信息,做有心人,有利于学好专业和选好职业。

（3）接触社会，了解社会　现代社会是一个五光十色、光怪陆离的舞台，职业世界五彩纷呈，增加对专业、职业、就业和事业的了解，增加对社会现象的理解，可为尽快成才积累条件。

三、双向选择与竞争就业

1. 就业形势——挑战和机遇

我国当前的就业面临着相当大的压力。我国是世界上人口最多、劳动力最多的大国，又是发展中国家。庞大的人口数量导致了劳动力过剩和较大的失业压力。

科技进步和经济社会发展也给我们带来了就业机会。一个国家的就业局面，从根本上看，是由其经济发展状况决定的。我国改革开放以来取得了持续多年的高经济增长率；随着进一步深化改革，调整经济结构，大力开发中西部地区，大量增加基础设施建设，大力增加农业投入，国民经济将持续增长；我国加入WTO，对外开放进一步加大，与国际进一步接轨；我国实行科教兴国战略，重视发展科学技术，大力发展高新技术产业，大力推动技术创新，用先进的科学技术改造传统产业。上述措施给我们带来了极好的发展契机，也为毕业生提供了大量的就业机会。

2. 就业市场——企业与劳动者双向选择

双向选择是指作为求职者的学校毕业生与用人单位直接见面、相互选择的就业方式。一方面，毕业生对用人单位进行挑选，以便找到满意的职业和岗位；另一方面，用人单位对求职者进行挑选，以便找到合格的员工。这种两相情愿的就业方式，既符合就业双主体——求职者个人与用人单位的要求，增加了双方的满意度，提高了双方的积极性，也符合社会主义市场经济的客观要求。

（1）用人单位择员　在双向选择的劳动力市场就业体制下，用人单位不再是被动地接受上级硬性分配的人员，而是根据自身生产、经营、业务、工作的需要，设置职业岗位招聘条件，有针对性和有选择性地选拔和录用合格的、满意的、优秀的员工。

（2）个人求职择业　在双向选择的劳动力市场体制下，求职者个人不再是被动地接受政府或学校部门的工作分派，而是按照自己的专业技能条件，挑选适合自己的特点、合乎个人兴趣意愿、有发展前途的职业和工作单位。

劳动力供大于求是我国就业市场的常见状况，所以在相当长的时期内竞争就业是不可避免的。

3. 就业竞争——知识、能力与态度

（1）就业的竞争环境　一个人的就业，往往处于与其他具有相同就业意愿的人对同一工作岗位的竞争环境中，同时个人选择职业又要被用人单位挑选，双方实际上也存在着一

种竞争。就业的竞争环境是客观存在的，谁也无法回避。实际上，这种竞争环境不仅有利于社会劳动力资源的合理配置，而且有利于劳动者以刻苦的态度对待学业，以积极的态度进入工作领域，从而发挥自己的才能，发掘自己的潜力，实现人生的价值。

（2）竞争能力的重要性　为了能够顺利就业，找到满意的职业，今后在职业生涯中有比较好的发展，求职者必须具备很强的就业竞争能力。只有具备了强大的就业竞争能力，才能顺利走上高要求的工作岗位，才能大有作为。

（3）储备知识与技能　学业扎实，技术娴熟，才能在激烈的就业竞争中胸有成竹，稳操胜券。为了在就业竞争中掌握主动，具备竞争优势，必须在平时的学业中对自己高标准、严要求，努力学好专业知识、职业技能和各门文化课，以储备充裕的知识和高水平的技能。平时不积累，缺乏必要的知识和技能储备，在面临招聘考试或者应用知识时再着手弥补，临渴而掘井，必然会丢掉许多好机会。

延伸阅读 1

这类人才是"银领"

教育部启动实施了"制造业和现代服务业技能型紧缺人才培训工程"，力争用 5 年的时间为相关职业领域输送 20 万高职毕业生，开展职业技能培训 100 万人次，缓解当前高技能人才紧缺的状况。这类高技能型人才通常被称为"灰领"。原教育部领导周济在高等职业教育第三次产学研结合经验交流会上说：这类人才，既不是白领，也不是蓝领，而是应用型白领，应该叫"银领"。这类人的特点是在用脑的同时也用手，如制造业的技术工人、服务业的高级厨师、民航的飞行人员、医生等都应该是"银领"。所以说"银领"的范围十分宽泛，我们的身边处处都有大量的"银领"，给我们提供各种技术服务。

科技的进步、社会经济的发展，对"银领"提出了更多地需求。因为道理很简单，再好的创意与设想，总得要人亲手把它变为现实。而在复杂劳动日益增多的今天，一个有相关知识和能力的人，总是能深深植根于社会土壤中。

一段时间以来，忽视了对各种技术技能人才的培养，又伴随着现代制造业、IT 产业、现代服务业的高速发展，所以现在矛盾的凸显是自然的。一方面，社会需要大量的高技术人才；另一方面，我们的社会都鄙薄这样的工作。好在市场经济是有调节作用的。人们可以不重视职业技术教育，社会鄙薄技术技能人才，但人才市场的迫切需求，"银领"人才的大幅度短缺，使得他们的工资待遇大幅上扬，超过那些缺乏一定技能训练的大学生。在经济发达地区，一些有技术技能的人才的待遇早已经超过了一些白领。

对我们绝大多数人来说，现在是一个真正的"技术时代"。高职院校的同学们，努力学习先进技术吧，学好了"十八般武艺"，是英雄一定会有用武之地的！

延伸阅读 2

大学生去基层就业大有可为

"过去大家都觉得只有北京、上海这样的大城市好，如今的年轻人越来越理性了。"在全国政协委员、东北大学校长赵继看来，不"死磕"一线城市、不追逐"铁饭碗"，正在成为大学生就业的新趋势。

大学生就业问题是世界性难题，促进高校毕业生就业创业，既是民生，也是国计，事关广大群众切身利益，事关社会和谐稳定，事关社会主义现代化建设，事关高等教育持续健康发展。2019年高校毕业生达到834万人，再创新高。就业总量持续攀高，就业期望居高不下，就业结构性矛盾相对突出，加之国内外不稳定、不确定因素也在增多，经济下行压力仍然较大，又遇上互联网公司裁员潮，高校毕业生就业形势依然严峻复杂。

就业的结构性压力突出，如何改善就业环境，促进高校毕业生就业创业，进而促进人口红利与人才红利叠加释放，成为不容回避的现实问题。基层是创新创造的前沿阵地，是改善民生的最终环节，也是高校毕业生历练成长的广阔舞台。引导高校毕业生面向基层就业，是解决毕业生就业结构性矛盾的有效途径，也是加快创新型国家建设的重要支撑。

到基层去，是高校毕业生放飞梦想、增长才干的一种务实选择。需要指出的是，大学生到基层就业，只是完成了万里长征的第一步，关键是社会提供什么样的条件，创造什么样的环境，让大学生在基层扎根，并让他们有所作为。必须看到，与拥有更先进的技术、更好的基础设施、更多的学习资源、更优良的教育环境和更完备的社保体系的城市相比，基层明显不如。工资待遇低、服务保障不完善、后续流动不畅、政策缺乏吸引力、发展机遇少、发展空间小，导致政策导向与效果不一致，基层就业大学生不同程度存在着"下得去"以后"流不动""出不来"的担忧。吸引高校毕业生到基层就业，不但要在硬件上完善配套设施，更要突出事业留人、机制留人、感情留人，全面做好基层工作人员教育培训、个人发展、福利保障、职级晋升等一系列政策保障。

问题来自基层，破解之道也在基层，大学生只有深入基层，向基层要先进经验，在基层创新创造，才能更好地增长知识、增长才干，实现人生价值。如何才能快乐地工作生活且富有成效地度过一生？青年马克思的回答是，在选择职业时，我们应该遵循的主要方针是人类的幸福和我们自身的完美。一代人有一代人的使命，作为求职的大学生，需认清形势，对自身定位、职业目标、职业机会、发展区域等有清醒认识与理性判断。青年学生把自己的命运与国家的命运紧密联系在一起，用中国梦激扬青春梦、将青春梦融入中国梦，不负韶华、不辱使命，做新时代的奋斗者。

（来源：《中国教育报》）

课堂活动与课后思考十一

1. 什么是劳动力市场就业？劳动力市场的功能是什么？
2. 在劳动力市场就业体制下，如何实现就业？
3. 列一列：分析和总结你在就业竞争能力方面的强项和弱点，按这些项目的重要程度和"强""弱"的轻重程度，填写在表11-1中。

表11-1 个人就业竞争能力盘点表

次序	强项	进一步提高的措施	弱点	今后弥补对策
1				
2				
3				
4				
5				
6				
7				
8				
9				
10				

4. 想一想：结合上述个人就业竞争能力的"盘点"，对"为什么要提高自己的就业竞争能力""怎样提高就业竞争能力"等问题进行思考。

5. 做一做：每个同学从报纸、杂志、图书、互联网中各自寻找5篇材料，摘录、抄写、复印或者剪下来。以小组为单位，交流整理材料，去掉重复的、雷同的之后，各组挑选上交5篇最好的材料给班里，组成一期专题墙报。

材料的内容包括：我国的经济发展形势；本专业所属行业的状况与发展前景；择员的案例和求职的案例；反映知识、技能重要性的材料；就业竞争能力的材料；就业竞争能力强者求职成功、创业成功、事业成功的案例及其经验；就业竞争能力弱者失败的案例及其教训等。

第十二课　大学生就业政策

一、市场经济体制下的毕业生就业制度

1993年，中共中央、国务院印发了《中国教育改革和发展纲要》，明确指出：改革高等毕业生"统包统分"和"包当干部"的就业制度，实行少数毕业生由国家安排就业，多数由学生"自主择业"的就业制度。随着社会主义市场经济体制的建立和劳动人事制度的改革，除对师范学科和某些艰苦行业、边远地区的毕业生，实行在一定范围内定向就业外，大部分毕业生实行在国家方针政策指导下，通过人才劳务市场，采取"自主择业"的就业办法。与此相配套，建立人才需求信息、就业咨询指导、职业介绍等社会中介组织，为毕业生就业提供服务。为加快教育体制改革步伐，原国家教育委员会于1994年在《关于进一步改革普通高等学校招生和毕业生就业制度的试点意见》中又明确提出：从招生开始，通过建立收费制度，改变学生上大学由国家包下来，毕业时国家包安排职业的做法。同时，建立相应的奖学金、贷学金制度，鼓励学生努力学习，引导学生毕业后参与劳动力市场的竞争。国家不再以行政分配而是以方针政策指导、奖学金制度和社会就业需求信息来引导毕业生自主择业。在这种就业体制下，大部分毕业生将按照个人的能力、条件到市场参与竞争，改变过去等待国家用行政命令的办法调派毕业生。高等学校作为就业工作的中介，主要为毕业生"自主择业"提供服务。

根据以上指导精神，国家从1994年开始实现招生"并轨"、缴费上学和"自主择业"

的改革试点。1997年原国家教育委员会颁发《普通高等学校毕业生就业工作暂行规定》，规定共分十章五十五条。2002年2月经国务院批准国务院办公厅转发了由教育部、公安部、原人事部、原劳动保障部联合下发的《关于进一步深化普通高等学校毕业就业制度改革有关问题的意见》，文件指出："高校毕业生就业工作要以'三个代表'重要思想为指导，紧紧围绕促进国家经济发展和社会稳定的大局，采取积极有效的措施，进一步转变高校毕业生就业观念，建立市场导向、政府调控、学校推荐、学生与用人单位双向选择的就业机制，努力实现高校毕业生的充分就业"。现阶段高校毕业生就业制度主要有以下内容：大中专学校毕业生就业应贯彻统筹安排、合理使用、加强重点、兼顾一般和面向基层，充实生产、科研、教学第一线的方针。在保证国家需要的前提下，贯彻学以致用、人尽其才的原则。在计划安排上要优先考虑国家和地方重点基础建设上的需要，尤其要保证在艰苦地区的国防军工和科研等重点单位的需要。国家采取措施，鼓励和引导毕业生到边远地区、西部、集体企业、私营企业、股份制企业等非国有制单位就业。建立由学校和有关部门推荐、学生和用人单位在国家政策指导下，通过人才劳务市场双向选择、自主择业的毕业生就业制度。

二、高校毕业生就业的现行政策及规定

1. 就业政策与时俱进

党和政府历来重视大学生就业工作，把高校毕业生就业摆在就业工作的首位，出台了相关政策和法规来促进大学毕业生就业。教育部高校学生司、全国高等学校学生信息咨询与就业指导中心《2013年国家促进普通高校毕业生就业政策公告》要求：①鼓励高校毕业生到城乡基层、中西部等地区就业；②鼓励支持高校毕业生到中小企业就业和自主创业；③鼓励高校毕业生应征入伍服义务兵役；④营造公平的就业环境，大力促进就业公平；⑤强化对困难家庭高校毕业生的就业援助。党的十八届三中全会明确提出"健全促进就业创业体制机制""促进以高校毕业生为重点的青年就业"，并就做好高校毕业生就业工作进行了全面部署。当前，全国普通高校毕业生就业总量压力和结构性矛盾依然突出，就业形势复杂严峻。

2. 顶岗实习实现企业、学生、学校三赢

在《教育部关于全面提高高等职业教育教学质量的若干意见》文件中明确指出，高职院校要大力推行工学结合，突出实践能力培养，改革人才培养模式，探索工学交替、任务驱动、项目导向、顶岗实习等有利于增强学生能力的教学模式；引导建立企业接收高等职业院校学生实习的制度，加强学生的生产实习和社会实践。顶岗实习是高职院校有效推进工学结合人才培养模式的重要形式，也是提高高职生理论联系实际能力和综合技能的重要实践性环节。高职生在校内完成必需的理论知识储备后，再将他们送到专业对口的企业去实习，在真实的工作环境下，加强学生的实际动手操作能力。在企业里，有明确的工作责

任和要求。这样的实习能确保学生毕业上岗与企业需求对接。学生身兼员工身份边学技术边赚工资,实现提前就业。

3. 高校毕业生的现行应聘、就业报到的有关规定

（1）求职应聘相关规定　　国家计划招收的普通高等学校毕业生和结业生以及国家计划招收的为地方培养的军队院校毕业生,通过供需见面和双向选择落实就业单位。

毕业生就业工作一般从毕业生在校的最后一学年开始。毕业生就业程序：

1）由学院（校）提供就业信息,推荐；或毕业生自行获取就业信息,自荐。

2）毕业生与用人单位供需见面,双向选择。

3）用人单位向学院（校）返回接收意见。

4）毕业生与用人单位签订"高等院校毕业生就业协议书"（见附录A）。

5）由学院（校）将毕业生落实工作单位的就业计划经上级主管部门上报教育厅。

6）经教育厅审核批准后下发"毕业生就业报到证"。

"毕业生就业报到证"的作用：

1）到接收单位报到的凭证。

2）证明持证的毕业生是纳入国家统一招生计划的学生。

3）凭报到证及其他有关材料办理户口手续。

4）人才服务机构存档的证明。

毕业生调整改派须在一年内办理,逾期不再办理有关调整改派手续。毕业生就业后的调整按在职人员有关规定办理。

（2）接收毕业生的有关政策　　毕业生应在报到期限内,持"报到证"到用人单位报到。凡纳入国家计划的毕业生,地方政府不得征收其城市增容费。

鼓励企业接收毕业生。对三资企业、私营企业、股份制企业等无主管上级部门的企业单位以及采用聘用方式招聘毕业生的单位,必须到县以上人才流动机构办理人事代理手续后,方可接收毕业生。

用人单位必须按调配部门规定的时间和要求,填报当年毕业生需求计划。需求计划必须经主管部门或人事主管部门认可,报省一级毕业生调配部门备案。需求信息及时发布。用人单位在核准的需求计划内落实毕业生。

毕业生报到时,用人单位应在指定的县级以上医院对其进行健康检查。因岗位特殊要求或曾患有慢性疾病的毕业生,要进行专科检查。

经体检合格的毕业生,准予报到。用人单位凭毕业生的"报到证"和毕业生就业计划,经省、市、县毕业生就业主管部门审核后,办理接收户口关系手续。

毕业生报到后,用人单位要根据工作需要和毕业生的情况,及时安排工作岗位。双方协议规定的,要按协议执行。

用人单位因故推迟接收毕业生期间,其工资及福利待遇应由单位负责,推迟时间计算

连续工龄。

按国家计划派遣的毕业生，用人单位不得拒绝或退回学校，也不得以任何借口截留按就业计划派遣的毕业生，否则追究单位和有关责任人员的责任。

人事关系由县以上人才流动机构代理的单位接收毕业生，见习期考核、转正定级手续由其委托代理的人才流动机构负责。用人单位须按规定提供有关毕业生见习期间工作、表现等书面材料。在毕业生见习期间解除聘用（任）合同的，由代理人事的人才流动机构继续负责毕业生的见习期管理，毕业生可应聘到其他单位工作。待聘期超过一个月的见习期顺延。

毕业生报到后，发生疾病不能坚持正常工作，按在职人员有关规定处理，不得把上岗后发生疾病的毕业生退回学校。

三、人事代理制度

人事代理是指各级人事行政部门所属的人才流动机构为三资企业、民办科技机构、民营企业、乡镇企业等无主管单位以及不具备人事管理权限的非国有企业事业单位、要求委托人事代理的其他企业事业单位、自费出国和以辞职等方式流动后尚未落实单位的专业技术人员和管理人员提供人事档案保管或有关人事方面的代理服务工作。随着市场经济的发展和国有企业事业单位人事制度改革的深化，人事代理的内容不断丰富，代理趋于多样化，包括人才规划预测、人员发展方案、人事诊断、人才测评等。它是社会化与专业化管理在人事制度改革中的体现，有利于落实用人自主权，促进人才使用权与所有权的分离，使专业技术和管理人员对单位以人事档案为核心的依附关系在政策上分离，保证了人才资源的社会化和选择职业的自由性，对保障毕业生和用人单位的合法权益、提高流动人员素质和人才竞争发挥着重要的作用。

人事代理的服务内容主要有以下方面：

1）负责被代理人员人事档案的收集、整理、保管、利用等工作。被代理人员的履历表、奖惩登记、党团及考核等材料由用人单位提供。代理机构及时对送交材料归档。

2）确认被代理人员的身份，出具有关证明。办理被代理流动人员的转入、转出手续，推荐就业单位，鉴证聘用合同。为毕业生转正定级出具各种证明材料，建立被代理人员集体户口挂靠制，行政、工资关系挂靠人才市场，调整档案工资，职称考评、考核，计算其工龄。办理被代理人员的出国（出境）和政审手续。

3）负责办理失业、养老等社会保险服务，并为其代办住房公积金。

4）建立被代理人员党组织，接转党组织关系。制定流动党员定期或不定期思想汇报制度，按时收缴党费。

5）开展被代理人员岗位及专业技能培训。根据用人单位的要求，有针对性地组织岗位和技能培训。

6）提供信息咨询服务，包括人事政策咨询、人才供求关系信息、市场统计信息、人才工资信息等服务。

以上内容中，委托人事代理可划分为单位委托人事代理和个人委托人事代理两个类别。

各级人才流动机构与委托人事代理对象不发生行政隶属关系，仅为其代理有关服务事宜。

延伸阅读

教育部关于做好 2022 届全国普通高校毕业生就业创业工作的通知

教学〔2021〕5 号

各省、自治区、直辖市教育厅（教委），新疆生产建设兵团教育局，有关省、自治区人力资源社会保障厅，部属各高等学校、部省合建各高等学校：

党中央、国务院高度重视高校毕业生就业工作。习近平总书记多次对做好高校毕业生就业工作作出重要指示批示。国务院《"十四五"就业促进规划》明确要求，持续做好高校毕业生就业工作。2022 届普通高校毕业生规模、增量创历史新高，就业形势复杂严峻。为深入贯彻党的十九大和十九届二中、三中、四中、五中、六中全会精神，落实党中央、国务院决策部署，教育部决定实施"2022 届全国普通高校毕业生就业创业促进行动"，健全就业创业促进机制，推动就业创业工作提质增效，促进高校毕业生更加充分更高质量就业。现就有关事项通知如下。

一、完善市场化社会化就业促进机制

（一）加强校园招聘市场建设。各地各高校要进一步发挥校园招聘主渠道作用，切实加强校园招聘市场建设，建立完善就业资源开发机制，充分发挥专职就业工作队伍和党政干部、专业教师、校友等各方面积极性，千方百计拓展岗位信息来源。高校可通过组团、联盟等方式开拓就业岗位，推动校内校外就业资源共享。教育部会同相关部门、地方政府，发挥全国普通高校毕业生就业创业指导委员会作用，建设、打造一批全国性、区域性、行业性大学生就业市场。

（二）促进网络招聘市场建设。教育部升级打造"24365 校园网络招聘服务"平台，引入优质人力资源服务机构、行业协会等，深入实施"岗位精选计划"，推进就业信息联通共享。各地各高校要组织就业工作人员、毕业班辅导员和求职毕业生注册使用"24365 智慧就业平台"，加强线上服务联动。大力推进校园网络招聘市场建设，建设维护好本地本校用人单位需求库、毕业生求职意向库等，及时发布专业设置和生源信息。积极开展网络招聘服务，鼓励用人单位通过线上宣讲、远程面试、网上签约开展校园招聘，促进线上线下招聘相结合，提高招聘成功率。

（三）鼓励中小企业更多吸纳高校毕业生。各高校要为中小企业进校招聘提供便利，不得设置限制条件。教育部会同相关部门、大型平台企业，举办"全国中小企业人才供需对接大会""全国中小企业网上百日招聘高校毕业生""全国民营企业招聘月"等活动。各地要积极配合本地相关部门加大对中小企业支持力度，推动企业和高校毕业生用足用好税费减免、创业担保贷款等支持政策，创造更多适合高校毕业生的就业岗位，对符合条件的高校毕业生按规定给予社会保险补贴和职业培训补贴。

（四）促进创新创业带动就业。各地各高校要加大国家创新创业政策落实力度，加强创新创业服务平台建设，大学科技园、创业园、创客空间等要向高校毕业生提供场地优惠和专业化孵化服务，指导创业团队争取各类创业优惠政策，促进创新创业项目落地发展。办好中国国际"互联网+"大学生创新创业大赛，切实发挥大学生创新创业带动就业作用。建立完善大学生创新创业信息服务平台，提供创新创业相关政策发布、解读、项目对接等服务。组织双创导师深入校园进行政策解读、经验分享和实践指导，支持大学生返乡创业、到城乡基层创业就业。

（五）支持引导灵活就业。各地各高校要积极挖掘新产业新业态新模式中的就业机会，引导毕业生在数字经济、平台经济等多个领域灵活就业。配合有关部门完善灵活就业社会保障政策，切实维护高校毕业生劳动保障权益。组织开发一些面向市场的培训项目，开展新兴产业、先进制造业、现代服务业等领域新职业技能培训，增强毕业生就业能力和竞争力。

二、充分发挥政策性岗位吸纳作用

（六）健全毕业生基层就业支持体系。进一步完善并落实毕业生到基层就业学费补偿贷款代偿、考研加分等优惠政策，采取有效方式引导更多毕业生到中西部地区、东北地区、艰苦边远地区和基层、乡村振兴一线就业创业。组织实施"特岗计划""三支一扶""西部计划"等中央基层就业项目。配合有关部门设立"城乡社区专项计划""村医专项计划"等相关项目，鼓励各地结合实际扩大实施地方基层就业项目。持续开发科研助理岗位，增强科研助理岗位吸引力。

（七）做好大学生征兵工作。各地各高校要落实"两征两退"改革要求，配合兵役机关制定本地本校征兵工作方案，做好大学生特别是毕业生参军入伍工作。按照有关政策规定，落实退役普通高职（专科）士兵免试参加普通专升本招生、退役大学生士兵专项硕士研究生招生计划等优惠政策，研究制定细化方案和实施办法。密切军地协同，加强征兵工作站建设，办好征兵宣传教育进校园等活动，畅通入伍绿色通道，进一步推进以高校毕业生为重点的精准征集，提高毕业生入伍数量。

（八）促进升学与就业有序衔接。各地各高校要统筹安排好各类升学考试招生工作时间，硕士研究生招录工作在2022年5月底前完成，普通专升本和第二学士学位招录工作在 2022 年 6 月底前完成。坚持复合型人才培养定位，加强第二学士学位招生工作，高校教务、招生等部门要加强工作协同，扎实开展招生宣传、考试录取等工作，并纳入高校整体工作进行统筹部署。

（九）优化招考时间安排。各地教育部门要与相关部门加强协调配合，统筹推动各地尽早安排机关、事业单位招聘考试工作和各类职业资格考试时间，给高校毕业生离校前留出充足的求职时间。办好"国聘行动"第三季，发挥国有企业稳就业示范作用，并配合国有企业尽早完成招录工作。

三、强化就业指导服务

（十）建立健全就业育人支持体系。各地各高校要把就业教育、就业引导全面纳入大学生思想政治教育体系，多种形式开展就业育人主题教育系列活动，打造一批大学生就业创业教育基地，引导毕业生树立正确的职业观、就业观和择业观。要加强重点领域就业引导，鼓励毕业生积极投身重点地区、重大工程、重大项目、国际组织等领域就业创业。组织开展大学生就业实践调查活动，持续打造"互联网＋就业指导"公益直播课，建立就业创业指导优质师资库，打造一批就业指导"名师金课"。加强职业生涯教育和就业创业指导，组织举办大学生职业生涯规划比赛活动。

（十一）强化就业实习实践。各地各高校要将实习实践作为促进就业的重要举措，纳入人才培养方案，深化校企校地合作，开发更多实习实践岗位，推动更多毕业生通过实习实践实现就业。鼓励地方政府、高校和用人单位共同打造一批大学生就业实习实践基地。配合落实好将职业技能提升行动专项资金补贴性培训对象扩大至普通本科高校、中高职院校的政策，积极组织毕业年度毕业生参加职业技能培训。

（十二）加强高职毕业生就业服务。各地各高校要针对高职百万扩招毕业生群体，制定专门就业工作方案，结合扩招毕业生生源类型特点，有针对性地分类开展就业指导服务，引导他们合理调整就业期望、找准职业定位，积极主动就业。支持高职院校紧密结合市场需求，按规定开展相关职业技能培训、项目制培训等多种形式的就业创业培训，并做好职业培训补贴政策的衔接工作。

（十三）加强就业权益保护。各地各高校要配合有关部门积极营造平等就业环境，努力消除就业歧视。在各类校园招聘活动中，不得设置违反国家规定的有关歧视性条款，不得将毕业院校、学习方式（全日制和非全日制）等作为限制性条件。加强诚信和安全教育，引导毕业生诚信求职，树立遵纪守法意识，防范招聘欺诈、"培训贷"陷阱等。积极配合有关部门推进毕业生就业体检结果互认。

四、开展重点群体就业帮扶

（十四）实施宏志助航计划。教育部组织实施"中央专项彩票公益金宏志助航计划——全国高校毕业生就业能力培训项目"，设立"全国高校毕业生就业能力培训基地"，面向有就业意愿的毕业生群体开展线上线下就业能力培训，帮助他们提高综合素质和就业能力。各地各高校和各培训基地要精心组织实施，加强政策宣传，提升项目培训效果，努力帮助参加培训的毕业生实现就业。鼓励各地创造条件，推动"宏志助航计划"覆盖更多毕业生。

（十五）完善就业帮扶机制。教育部组织开展直属高校与地方高校、东部高校与西部高校就业对口帮扶，推动区域间、校际间就业渠道互补、就业资源共享。各地各高校要进一步完善就业帮扶机制，建立就业困难毕业生群体帮扶工作台账，对低收入家庭、身体残疾等毕业生重点群体，按照"一人一档""一人一策"开展重点帮扶。

五、完善就业统计发布机制

（十六）加强就业统计核查。完善毕业生就业进展报送机制，及时汇总、通报就业进展情况。全面推广使用全国高校毕业生毕业去向登记与网上签约平台，推进毕业生求职、签约、登记、查询、反馈等"一站式"线上办理。继续开展毕业生就业状况布点监测。委托国家统计局开展毕业生就业状况抽样调查。严格执行就业工作"四不准"规定，确保就业统计数据真实准确。完善部、省两级就业统计举报机制，开展毕业生实名查询反馈，统一公布举报电话和邮箱。

（十七）健全就业质量报告制度。高校毕业生就业质量年度报告要准确客观全面反映本校毕业生就业状况、就业工作进展、就业与招生和人才培养的反馈联动等情况。报告相关指标内容要与全国高校毕业生就业管理系统中的数据保持一致。报告经学校校长办公会、党委会审议通过后，按信息公开有关要求在每年12月31日前发布。

六、持续深化高等教育改革

（十八）推动就业与招生培养联动改革。优化学科专业设置，引导高校重点布局社会需求强、就业前景广、人才缺口大的学科专业，对就业率过低、不适应市场需求的学科专业要及时调整。开展高校毕业生就业状况跟踪调查，将调查结果作为"双一流"建设绩效评价、本专科教学评估、学科评估、专业设置与管理等重要依据。研制发布就业状况白皮书，发挥就业大数据对高校招生计划安排、人才培养方案调整的作用，不断提高人才培养和社会需求的契合度。

（十九）实施供需对接就业育人项目。教育部组织征集相关用人单位对人才培养合作的需求，定期发布就业育人项目指南，在定向人才培养培训、就业实践实习基地建设、人力资源提升等方面促进校企供需对接。各地各高校要用好项目资源，强化组织动员，积极对接用人单位，确保项目实施效果。要以实施就业育人项目为抓手，深化产教融合、校企合作，培养更多实用型、复合型和紧缺型人才。

七、加强组织领导

（二十）落实就业"一把手"工程。各地各高校要把高校毕业生就业摆在突出重要位置，列入领导班子重要议事日程，建立健全主要负责同志亲自部署，分管领导靠前指挥，院系领导落实责任，各部门协同推进、全员参与的工作机制，并纳入领导班子考核指标。健全高校领导联系走访用人单位制度，主要领导要带头开展走访。严格落实常态化疫情防控要求，统筹做好疫情防控和就业工作，既要有效防范疫情风险，也要确保各项促就业工作有序推进。

（二十一）配齐建强就业工作队伍。各地各高校要积极创造条件，认真落实高校就业机构、人员、场地、经费"四到位"要求，明确相关标准和指标，配齐配强校级专职就业工作人员，鼓励在院系专门设立就业辅导员。要加强就业工作队伍职业化、专业化建设，定期开展业务培训交流，鼓励就业指导人员按要求参加相关职称评审，畅通就业指导人员职业发展渠道。

（二十二）加强就业工作督促检查。教育部把毕业生就业工作纳入省级人民政府履行教育职责评价、直属高校领导班子年度考核等重要内容，并视情开展对有关省份的就业专项调研工作，适时通报高校毕业生就业进展情况。各地各高校要进一步完善就业工作督查、通报、约谈、问责机制，确保就业工作落实到位。

（二十三）统筹就业工作安排。教育部在秋招季、春招季和毕业季三个就业工作时段，组织在全国范围内开展"校园招聘月""就业促进周"和"基层就业出征仪式"系列活动。各地各高校要统筹就业工作安排，精心组织相关就业活动。

（二十四）做好就业总结宣传工作。各地各高校要广泛开展就业宣传系列活动，深入宣传国家就业创业政策、各地各高校和用人单位促就业的好经验好做法，营造全社会支持毕业生就业的良好舆论氛围。组织开展就业育人典型案例和毕业生就业创业典型人物总结宣传工作。要认真制定年度工作计划，做好工作总结，有关进展情况及时报教育部。

教育部
2021 年 11 月 15 日

课堂活动与课后思考 十二

1. 市场经济体制下大学毕业生就业的形式有哪些？
2. 人事代理的含义是什么？
3. 毕业生联系工作时间应安排在什么时间进行？

第十三课　就业准备

一、就业心理准备

择业并不是悠然自得的活动，要实现理想的择业目标，需要付出艰辛的劳动，甚至要历经种种曲折。作为一名毕业生，了解就业政策，调整择业心态，做好充分的心理准备，在择业过程中显得十分重要。

1. 克服择业中的心理障碍，保持良好的择业心态

由于近年来大学生就业压力增大，使得一部分毕业生在求职择业中出现各种心理障碍，主要表现如下：

（1）怯懦　有些学生在求职中经常出现紧张心理，不能轻松、自然地面对招聘单位，在就业洽谈会上与用人单位交谈时答非所问，语无伦次。就业中的怯懦心理，会影响择业的成功。有怯懦心理障碍的学生性格可能内向，平时缺乏交往的锻炼等。为使毕业生择业中减少怯懦心理，平时学校应多开展演讲会、辩论会、模拟招聘现场等活动，逐渐培养同学们落落大方、能言善辩的能力。

（2）焦虑　大学生择业过程中的焦虑心理通常表现为急躁，在用人单位未最终确定之前，存在烦躁心理。焦虑的产生一般是由于个人性格特点、知识、能力、实践经验、身体条件等因素。也有的毕业生在找工作的过程中，无法接受大众化的就业岗位，不考虑条件和背景，只考虑一个结果，找不到理想中的工作就在心理上产生焦虑。

（3）自傲　低估自己的知识能力等往往会产生自卑感，但是，如果过高地估计自己，

认为自己比别人强，自欺自傲，在择业过程中往往给人一种浮躁、不踏实的印象。

毕业生若在求职择业时出现了一些不良心态或心理障碍，应积极寻求帮助，适时调整，做到保持良好的择业心态。

2. 客观评价自己，适应职业需要

毕业生择业时要客观地评价自己，正确地认识与把握自我，明确自己的择业目标或方向，根据所学专业和自身条件，懂得自己适合做什么或不适合做什么，才有可能把握住机遇，减少择业中的失败。

3. 转变观念，正确定位

毕业生应主动适应社会主义市场经济的要求，解放思想，转变观念，勇敢地面对社会的选择。毕业生应正确定位，愿意到艰苦行业、地区就业，愿意从基层第一线工作做起。

二、就业材料准备

就业材料犹如就业的敲门砖。凭借它，每个求职者都可以尽情展示自己的才华和风采，表达自己的愿望与心声；凭借它，用人单位可以了解求职者的能力和水平，寻找他们渴求的"千里马"。材料是求职者与用人单位沟通的重要桥梁，是求职成功的第一步。许多成功的求职者正是由于准备了丰富多彩、打动人心的求职材料而被一举选中的，因为材料本身也反映了一个人的文化修养、能力水平以及开拓创新精神。

就业材料包括毕业生推荐表、求职信、个人简介、自传及其他各类求职证明材料等。

1. 毕业生推荐表

毕业生推荐表是学校向用人单位介绍、推荐本校毕业生的一种书面材料，用人单位鉴于对学校的信任，往往认为该表有较大的可靠性，所以易于被认可。毕业生推荐表是各院校自己印制的，所以式样不尽相同。

无论是哪种形式的毕业生推荐表，其内容一般分学生自我填写和学校填写两部分。填写项目主要有个人简历、学习成绩、奖惩情况、自我鉴定、班主任意见、学校意见等。

自我填写部分要求实事求是地填写自己的基本情况，尤其是学习成绩、奖惩情况等。如果弄虚作假，不仅影响毕业生自己的求职形象，而且会损害学校的声誉。学业成绩可到学校有关管理部门通过计算机查询，打印的学生成绩单应真实可靠。"奖惩"一栏，如果没有获奖经历，可把自己参加的一些有代表性的、能反映个人才华的活动填上（有的表上有备注栏也可填上），如主持过什么样的大型文艺晚会、参加过什么社团等。当然，这些活动显示的才华应有利于所求职的岗位。

毕业生推荐表中的自我鉴定应根据社会对人才的要求来衡量自己，针对自己对工作的意愿来展示自己，有所选择，如实地鉴定自己。

关于自我鉴定的内容，除了工作、学习、生活方面外，还可表明自己的人生价值观、求职观、人际观、金钱观及自己的实际工作能力等。

总之，在书写毕业生推荐表中的自我鉴定时，我们应始终明确：我们是在向用人单位展示自己适应某种职业所具备的各种能力和潜质。

要充分发挥备注栏的作用。备注栏是补充毕业生推荐表栏目不足的地方，如计算机等级考试达到什么水平、有何种技能等级证书或辅修什么专业等。

表 13-1 为"××职业技术学院毕业生就业推荐表"。

表 13-1　毕业生就业推荐表

xx 职业技术学院　届毕业生情况简介					
姓　　名		性　　别		出生年月	
专　　业		学　　制		第二专业	
政治面貌		职　　务			
特　　长				技能证书	
家庭住址				邮政编码	
身份证号码				联系电话	
个人简历					
家庭主要成员、工作单位及职务					
担任学生干部、社团工作及奖惩情况					

（续）

在校表现	班主任：									
个人专业能力叙述										
主要课目成绩	课目	成绩	课目	成绩	课目	成绩	课目	成绩	课目	成绩
毕业设计或大型作业及成绩										

英语考级				计算机考级			
身体状况		身高			视力	左眼	
		体重				右眼	
学校审核意见	院系部 （盖章）		学生处 （盖章）			就业指导中心 （盖章）	
联系方式	××职业技术学院就业指导中心 地址： 邮政编码： 电话： 微信： E-mail：						

2. 求职信

求职信又称为自荐信，是青年学生在了解就业信息后有目的地向用人单位作的自我介绍。它是针对特定单位写的，主要表述求职者的主观愿望和特长，以求吸引招聘者注意力，取得面试的机会。

（1）求职信的格式　求职信的格式与书信大致相同，即称谓、正文、祝词、落款等。文末应表示热切希望有一个面试的机会，最后务必写清联系电话、通信地址、邮政编码等。

（2）求职信的篇幅　求职信切忌篇幅过长，洋洋洒洒许多页，容易使对方厌烦；也不能太短，或表达不完整、不清楚，不能让对方了解求职者的完整情况。求职信的篇幅一般在1000字左右为宜。

（3）求职信的内容　简单介绍自己，包括姓名、学历、年龄等。简单说明用人消息的来源及对该用人单位的印象。一方面，证明用人单位的广告宣传已经见效；另一方面，说明求职者对该单位确实很关心。简单说明求职者能胜任该项工作，这是求职信的核心内容。主要要向对方表明求职者有知识，有专业技能，有与工作要求相符合的特长、性格与能力。最后，表示希望对方给予回信的愿望以及能有一个面谈机会，并写清楚自己的详细通信地址。下面介绍两份求职信，供同学们参考。

3. 个人简历

个人简历是自己生活、学习、工作、经历、成绩的概括。它一般不单独使用，总是作为求职材料的附件呈送给用人单位。

下面是一份简历范例，供参考。

求　职　信

尊敬的经理先生：

　　您好！几天前，我从《××晚报》的招聘服务信息中获知贵公司招聘10名产品推销员的消息，很愿意一试，故冒昧地给您写信。

　　我所学的专业是市场营销，今年7月将从××职业技术学院毕业。去年暑假我曾为贵公司做过一个月的商品促销工作。在此期间，贵公司产品的良好质量给我留下了深刻印象。我由于促销得力也受到有关人士的好评。我希望能到贵公司工作，以自己微薄之力为公司扩大销售业绩效劳。

　　我是高职院校毕业生，自知自己的学识水平与贵公司的要求有差距，但本人相貌端庄，身体健康，能吃苦耐劳，爱好广泛，谦虚好学，乐于助人，有良好的环境适应能力和人际交往能力，这都是一名优秀推销员不可或缺的基本素质。

　　我家境贫寒，为人朴实、正直，在小学、中学、大学多次获奖，多次被评为优秀团员、三好学生、模范学生干部。本人学习成绩优良，外语和计算机操作能力较强。

（附上我在校期间的成绩记录及获奖情况，请参阅）

以上这些都表达了我真诚希望成为贵公司一员的愿望。热忱地期待您的答复。

我的联系地址：（略）

手机号：××××××××××

邮编：××××××

此致

敬礼！

求职人：×××

2021年11月8日

求 职 信

尊敬的领导：

您好！

我叫××，今年22岁，是××机电职业技术学院机械工程系2021届毕业生。从贵公司网站获悉你们公司招聘机电设备维修人员，特来信应聘。

在校期间，我主修机械制造与自动化专业，学习认真，成绩优良，连续三年获校奖学金，并获得国家大学英语四级、计算机三级等级证书；本人实践动手能力较强，在校期间积极参加职业技术技能培训。毕业实习期间参加××电器公司自动生产线的安装调试工作。曾担任班级学生干部，团结同学，协助辅导员老师积极开展好班级工作，提高了自己的组织协调能力。本人性格开朗，爱好体育运动，曾多次在校田径运动会上夺得名次。

我确信自己能够胜任贵公司机电设备维修一职。如果能成为贵公司的一员，我愿意从基层一线工作做起，努力工作，为贵公司的发展贡献出自己的聪明才智。

随信寄上本人简历及相关证件的复印件，请审阅。

希望赐复。

此致

敬礼！

求职人：×××

2021年11月20日

求职简历

张××
- 联系电话：0551-××××××
- E-mail：123@126.com
- 通信地址：××××职业技术学院 32#××室（230025）
- 性别：男　出生日期：1999年10月8日　毕业时间：2021年7月

[求职意向]

机电类企业、公司技术管理或技术操作。

[教育背景]

2018年9月–2021年7月在××××职业技术学院主修机电一体化专业。

[学校工作经历]

2019年12月参加学院机电一体化协会，2020年5月任副会长（参与策划、组织、协调协会工作；积累了一些组织管理经验）。

2019年10月参与组织系部运动会，为学院运动会选拔运动员。

2020年6月策划及组织机电一体化技术设备论坛。

[社会工作经历]

2020年7月在合肥××汽车集团公司实习（参与自动化生产线安装调试工作）。

[专业知识]

具备一定的专业基础知识：机械制图及CAD、机械设计、液压与气动技术、电工电子技术、机械制造技术等相关知识。

专业知识面较宽：机电设备控制技术、微机原理及应用、可编程序控制器、测试技术、数控设备及维修等。

[外语能力]

英语：CET-4，能阅读本专业技术资料，具备一定的听说读写能力。

日语：曾接受140学时的学习和训练。

[计算机操作能力]

能熟练使用Word、Excel、PowerPoint等办公软件。

能熟练运用PRO/E、UG软件进行机电产品的设计。

[特长爱好]

喜爱体育运动，喜欢阅读，有一定的写作能力。

[自我评价]

为人谦逊有礼，喜欢尝试新鲜事物，工作认真仔细，勇于承担责任，能积极主动地发现不足，并努力寻找解决问题的方法，以使工作做得尽可能完美。

三、就业信息的搜集

现代社会是一个信息社会,能及时获取用人信息,善于利用各种渠道搜集用人单位信息,并归纳、整理、辨别真伪,这是求职活动的重要一步。毕业生可通过以下渠道获取用人单位的信息。

1. 学校就业指导中心

学校一般都设有毕业生就业指导中心来为毕业生提供就业服务。就业指导中心建立了用人单位咨询网络,并备有用人单位的图文简介等。用人单位还经常来人来函向学校提供用人信息,且准确性高。

2. 人才交流会

各省(市、自治区)、市、县的毕业生就业指导单位或各地人才市场,每年都会举办多次分层次的就业交流会。此类交流会上集中了大量的用人单位,其目的是为学生和用人单位建立快速了解的桥梁,帮助双方尽快落实供求愿望,学生和用人单位可以借此互相了解、洽谈,这不失为一种较佳的途径。

3. 宣传媒介

社会主义市场经济的确立,我国加入世贸组织带来的机遇,使我国的经济建设进入了迅速发展的快车道,许多急需各类人才的部门和单位都通过现代化的宣传工具来宣传和刊登自己的招聘广告,说明所需人才的层次、专业、工作性质、薪金等问题。一些专门报刊和求职网站也应运而生,为毕业生提供了更多的供需信息。

延伸阅读

坚韧不拔的求职者

在松下幸之助年轻的时候,因为家境贫寒,他不得不外出打工挣钱谋生,这也养成他坚韧不拔、吃苦耐劳的个性。有一次,他按报纸招聘广告到一家电器工厂去谋职,又瘦又矮的松下向工厂人事主管介绍一番自己的情况后,请求道:"请给我一份工作做吧,哪怕是最危险最低微的工作。"

人事主管瞧瞧其貌不扬的松下幸之助,根本不想聘用他,便对他说:"真不凑巧,我们刚刚聘用了一位。要不,你过一个月后再来看看。"

松下幸之助一个月后,真的准时出现在这位主管面前,这位主管心里暗暗嘲笑松下:从未见过这种不会领会辞退话的"傻老冒",不妨随便打发他走人。于是,这位主管对松下说:"年轻人,你总是不凑巧,我们的老板出去开会了,得过两三天才能回来。"

到了第三天，松下幸之助又来了，这次这位主管真的有点不耐烦了，直接说出他不想聘用他的原因："瞧你穿得这样破旧，是进不了我们厂的！"

松下什么话也没有说，下午就去借钱买了一套新衣服穿上，找到那位主管说："你看现在我够条件吗？"

主管打量他一下，说："从你的履历介绍，看不出你有任何有关电器的知识，我们厂是从不用这种人的。"

"没关系！我不会但我会学，一个月以后见！"松下说完，果真回去自学了一个月的电器知识，又跑来找那位人事主管。

这位主管说："一个月能学到什么知识呢？"

松下说："一个月不行，我用两个月，两个月不行，我用三个月……"

话未说完，这位人事主管再也坐不下去了，他拉起松下的手说："你是我遇到过的最有韧性的求职者，我已被你打败，从今天起，你来工厂上班吧。"

松下幸之助凭着坚韧不拔的毅力终于谋得一份工作，并用这种精神直至走向日后成功。

在人生的道路上，只有一种失败，那就是轻易放弃。

1. 为什么要进行就业准备？就业准备包括哪几方面的内容？
2. 写一份求职信。
3. 参加一次人才交流会，检验就业准备是否充分。

课堂活动与
课后思考
十三

第十四课　面试礼仪与技巧

 一、面谈、面试准备

面谈是用人单位和求职者之间为加强互相了解而安排的谈话。例如，供需双方通过人才交流会、供需见面会等进行的面谈。

面试是由用人单位安排的对求职者的当面考核。与面谈相比，面试更具有综合性，不仅可以考核应聘者的知识水平，而且可以面对面地观察应聘者的仪表、气质、口才、情商、应变能力等综合能力。

择业过程中的面谈、面试是相当关键的一步，面谈、面试既是求职者的第一次表现机会，也是用人单位对求职者的第一次评估，是双方能否一拍即合的最佳机会。因此，对面谈、面试要予以足够的重视，做好充分的准备。

1. 准备要告诉对方的内容

准备要告诉对方的内容一般包括两个方面：一是个人简历，这方面内容可以叙述简单些；二是能胜任的岗位。

2. 准备回答对方的提问

为了全面考察求职者，面试"考官"会提出许多问题。所以求职者必须事先做好充分准备，做到有问必答，临场不乱。

3. 准备自己要提的问题

在面谈、面试过程中，可以选择适当的机会向"考官"提出一些想了解的问题，例如:"请问贵公司的经营现状和未来发展计划?""请问贵公司鼓励员工上进成功的措施有哪些?"等。所提问题应与单位(公司)发展前景有关或是对所从事工作感兴趣的问题,以增加招聘人员对你的好感。

4. 了解用人单位的基本信息

面谈、面试之前,应对用人单位有一个整体上的了解,这对面谈、面试成功与否有着重要意义。这方面信息包括用人单位的发展历史与最新动态、发展目标与企业文化、领导人的姓名、规模与行政结构、业务范围与地理分布、正在应聘的职位描述及能力要求等。

二、面谈、面试礼仪

求职者参加面谈、面试时,在礼仪方面的表现会给用人单位留下深刻的印象,对求职能否成功有着举足轻重的影响力,因此对求职者来说十分重要。

1. 着装与形象

一个人的形象在求职应聘中起着举足轻重的作用。无论你的求职信写得如何出色,"考官"还是在见到你的那一刻才会对你产生真正的第一印象。而你的形象是一种直接又潜在的语言,悄悄地替你说出自己。特别是对于刚出校门的学生,高雅的气质能帮助你缩短校园与社会的距离。

那么,如何设计自己的形象、主动出击取得求职应聘的成功呢?这已成为目前不断流动于各个工作岗位的现代人关心的话题。在求职应聘过程中,不同的岗位有不同的选人标准,但成熟、睿智、精明干练、富有开拓精神的形象特征是当今用人单位共同的期待。把握了求职形象的基本特征后,应按照求职形象的可塑方面对自我进行精心设计。

发型在整个仪表形象中占有很重要的地位,不可掉以轻心。

气质美是仪表美、语言美的综合表现。有人说气质是一种意象美,但更准确地说它属于一种意境的美。气质美不是一种天生美德,而是由后天修炼打磨出来的一种风韵、一种境界。

面试时应当穿什么?这十分微妙,因为你的穿着在很大程度上取决于你面试的工作,取决于你希望留给用人单位的印象。着装首先必须整洁,其次应当简单大方。

2. 礼仪

轻叩门、慢关门。进入面试室之前,应轻叩房门两下,待得到"考官"的允许后方可入室。入室后,背对着"考官",将房门轻带上,然后缓慢转身面对"考官"。

有礼貌地同"考官"打招呼,可以称呼对方的职衔,如果"考官"主动伸出手来,就报以坚定而温和的握手。

"考官"请你落座或其已经坐下，你才可以坐下来。坐姿要端正，面向对方。落座后，要两膝并拢，将手放在膝头。

面试成功与否同说话、表情关系很大。要注意用敬语，如"您""请"等。

"考官"示意面试结束时，可以表现出一种有信心、充满活力的状态，微笑、起立、道谢及"再见"。

3. 面试过程

面试往往经过自我介绍、回答问题、提问三个阶段。每个阶段都要说服"考官"你就是他最需要的人。

（1）自我介绍　　自我介绍是面试的第一阶段，也是一般面试中最常用的。有时候，自我介绍比证件、名片之类的东西更重要，它可以"先声夺人"，很快给"考官"留下良好的印象。

（2）回答问题　　运用话语为自己做宣传，在自己和用人单位之间建立信任。

（3）提问　　应"考官"的要求，在面试后期可适当提一些与应聘有关的问题，以显示对本次应聘的重视。

 ## 三、面谈、面试技巧

1. 倾听的技巧

注意倾听是一种重要的交流信息的技巧。面试的实质就是"考官"与应试者进行信息交流从而获得全面评价的过程，形式上充分体现在"说"和"听"上。应试者注意倾听，不仅显示出对"考官"的尊重，而且要回答"考官"的问题也必须注意倾听，只有专心致志地倾听，才能抓住问题的实质，否则，就可能不得要领，答非所问。

2. 语言表达技巧

准确、灵活、恰当的口语表达，是面试的关键。如果你的各方面条件都不错，但由于你表达能力差，不能将所要表达的内容充分表达出来，"考官"会因难以了解而不录用你。在同等条件下，谁的表达能力强，善于宣传、推销自己，谁就能在竞争中获胜。

语言表达技巧有两个方面的要求，一是要做到表达清楚准确，通俗易懂；二是要做到表达动听、富有美感和吸引力。

3. 问题技巧

问题技巧包括应答技巧和提问技巧两个方面。面试中应试者主要是以回答"考官"的提问来接受测评，同时也应主动提出一些问题，来显示应试者的整体素质。

四、外企面试

随着改革开放和经济的发展,我国的外企越来越多。去外企面试应注意些什么呢?

1. 面试前的准备

去外企面试时,除了前面讲述的准备工作之外,还要到该公司的网站上去看看,了解一下该公司在我国的情况。必要时到英文网站或者其他语言的网站上了解一下中文网站上没有的内容。最好记住公司创始人或公司的企业文化、公司的愿景描述,在和"考官"面谈时有意识地引用一些公司网站的内容。

2. 外企面试的礼仪

到外企面试须讲究的礼仪比到中企的还要多。

（1）一定要礼貌 见面时要亲切问候,在结束面试时起身感谢"考官"并鞠躬。

（2）握手的礼仪 与外企"考官"握手时,应注意握手的次序。一般都是主人、女士、领导和长辈先伸手,客人、男士、下级和晚辈再伸手；用力要适度,切忌手脏、手湿、手凉和用力过大。

3. 其他面试时的注意事项

1）不要迟到。外企"考官"非常忌讳不守时。

2）面试前应关掉手机。若当着"考官"的面关掉,更可显出诚恳。

3）手势不要太多。手势太多会分散他人的注意力。很多人在讲英文的时候,习惯两手不停地上下晃,或者单手比画,这一点一定要注意。

4）手不要弄出声响。不要玩弄纸、笔,手不要乱摸头发、胡子、耳朵,否则会显得紧张、交谈不专心。

5）坐时身体要略向前倾,轻易不要靠椅子背坐,也不要坐满,一般以坐满椅子的2/3为宜。女生要并拢双腿,否则在穿裙子的时候,会显得难看。即使不穿裙子,也要把双腿并拢。

6）面试时应杜绝嚼口香糖或抽烟等。虽然这是最基本礼仪,但有人也难免会犯。

五、笔试

从内容上大致可以将笔试题目分成两类：一类是专业理论、专业技能方面的知识,主要是测试运用专业知识分析解决实际问题的能力；另一类是文化、思想、道德、修养乃至历史、社会方面的知识,主要测试理想、信念、处世的态度等。所有这些,都需要我们加强知识的积累,掌握正确的学习方法,从而拥有真才实学,否则难以从容地通过笔试这一关。

延伸阅读

成功面试的启示

一、成功源于充分准备

机遇只偏爱那些有准备的人。面对日趋激烈的择业竞争,面对用人单位越来越挑剔的眼光,应聘面试前一定要做好充分的准备,这是所有面试成功者共同的体验。

北方工业大学专科毕业生胥金林谈到,他应聘北京物美商业集团股份有限公司(简称物美)之前,先特意到学校附近的物美超市进行了一番考察,对物美的经营理念、市场定位、目前规模和发展目标有了相当的了解,从公司的宣传栏上了解到了比较详细的背景资料。接着,又上网查阅了许多关于物美以及其他国内外连锁经营的管理知识。在此基础上,他还认真总结整理出一份"管中窥豹,我对物美的几点建议"。面试由物美人力资源部的张总主持,第一个问题是:你对物美有多少了解?考场内鸦雀无声,而胥金林却暗自庆幸:"头筹非我莫属。"果不其然,当他对物美进行一番陈述并递交上自己写的材料时,张总连连对他点头,最终他从20多个竞聘者中脱颖而出。

应届毕业生小张说,现在许多单位招聘人才越来越看重外语水平,许多外企和涉外单位在招聘面试时都用英语测试。因此,应聘前英语的准备非常重要。他谈到自己不久前参加爱立信面试的体会时说,英语面试未必从头到尾全用英语,关键在于抓住机会,如利用自我介绍、回答问题或即兴演讲等,向面试官展示自己出色的英语能力,因为面试官主要不是听你说英语,而是看你是否具备英文交流能力,只要让他确信你有这种能力,这一关就算通过了。

二、用执着敲开成功之门

在激烈的竞争中,遭遇失败与挫折是在所难免的。有的人在碰壁之后便心灰意冷,有的人却在受挫之余认真总结、反思,凭着一种执着精神终于获得成功。

西安建筑科技大学毕业生毛家伟,第一次应聘西安交大瑞森集团公司时,由于面试时比较紧张,词不达意,且带几分傲慢而被拒绝。经过一番认真总结、反思后,他又"二进瑞森",人事主管无奈地告诉他:"对不起,人已招满。"此后,他又经历了多家企业的面试,有的甚至到了只差签字盖章的地步,但是他的心中却依然装着瑞森集团。几经思量后,他决定再去瑞森试一试。面对那位人事主管,毛家伟说了句:"我这是三顾茅庐,希望能再给我一个机会。"语调诚恳而坚定,大有"不达目的不罢休"的气概。毛家伟说:"也许是主管被我的精神所打动,也许是自己的执着感染了对方,她随即拨通了下属机电公司的电话,一番交涉之后,她告诉我去机电公司面试……"

毕业于某省外贸学校的李涓,是一个品学兼优的学生,虽说由于家境贫寒她不得不选择上中专,但在校期间她几乎把所有的精力都花在学业上,不仅拿到了大学英语四级证书，还获得了自学考试英语专业的大专文凭。李涓还有股"初生牛犊不怕虎"的劲头，她听说省里一家进出口公司招聘本科毕业生，便带上材料去应聘。到场以后才知道今天是最后的面试，但她还是硬着头皮坐下来，一直等到面试的学生全部走完，她才推开门进去。"对不起，面试已经结束了。"一位女士拦住她，"不，还少我一个。""你叫什么名字？"那位女士边查看名单边问。"您不用找了，名单里没有我，我叫李涓，是外贸学校的，给你们送过材料。""对不起，除了两所重点大学的，其他学校我们没有通知。""既然我来了，就请给我一次机会好吗？我不在乎结果，只想测试一下自己的能力。"李涓带有央求的语气中透着几许执着。这时，从里间走出一个戴眼镜的中年男士，李涓赶忙迎上前去，用英语说道："您好，李总，我在省政府门口的宣传栏里见过您的照片，您是省'十佳'青年企业家。我叫李涓，是省外贸学校的，今天是来应聘的。""外贸学校的？口语不错嘛，进来吧，我们聊聊。"经过十几分钟的交谈，两天后，李涓成为公司唯一通过自荐而被录用的中专生。

三、于细微处见机遇

用人单位面试应聘者，目的是考察应试者各方面的素质。面试的方式以及所涉及的问题通常会有一些共性东西。但是，由于应聘对象的不同，用人单位需要人才的规格要求不同，招聘面试时考官也常常采取一些另类的方式，提出一些出乎意料的问题。这时，成功的机遇往往在于机敏的应对。

一次，国内某知名的女企业家拟从应届毕业生中招聘一名女秘书。招聘信息一传出，引来上百名毕业生应聘。最后一轮面试由总经理亲自考核，在三楼总经理办公室进行。应聘考生在门外等候时叽叽喳喳，秩序十分混乱。这时，一位女生趁面试的间隙主动向总经理提出帮助维持秩序。得到允许后，她立即向大家宣布，请应聘考生到二楼等候，按顺序依次参加面试。于是，招聘现场变得安静而有序，总经理十分满意，最后被录用的秘书，正是这位主动维持秩序的女生。

毕业生韩林是河南省某高校学企业管理的，毕业前只身前往深圳求职。在四处求职碰壁的时候，突然在上步中路的广告信息栏中发现南方化工厂招聘一名库料总管的信息。于是抱着试试看的心情前去应聘。小韩赶到招聘现场，化工厂的院子里已经来了一群应聘者。小韩看到院子里一片狼藉，地上扔有许多白纸，他弯下腰捡起一张，是洁白的复印纸，又捡起一张，还是质地很好的复印纸。多么可惜呀！于是小韩禁不住俯下身去一张一张地捡起来，这时一个西装革履的老头走上前拍拍韩林的肩膀："小伙子，你是来应聘的吗？怎么不到招聘台前去？"韩林对来人说："这工厂也太浪费了，这么好的纸扔在地上，不知他们的老总是怎么管理的，这样浪费下去准有破产的那一天！"老头笑了，拉着韩林的手说："我是南方化工厂的总经理李海树，小伙子，你通过面试了，我相信你会成为一名出色的库料总管！"

毕业生李鹏到一家公司应聘，接连几轮面试都一路顺利过关，最后一轮面试，公司的副总当考官，问了一大堆问题后，突然对他说："对不起，我们公司不需要学中文的。"小李听了差点没晕过去，心想：你问了我一堆问题都没有难住我，现在又说不需要学中文的，这不是耍我吗！转而一想，不对头，这可能是个"圈套"！于是微笑对着那位副总说："虽然我无缘成为贵公司的一员，但我仍然十分感谢您给了我这次宝贵的面试机会。如果可以的话，请您指出我的不足之处，以便我以后加以改正。"这时，那位副总紧绷的脸上绽出了笑容，走上前握住小李的手说："小伙子，公司欢迎你！"

四、用诚信赢得考官的青睐

用人单位招聘考核毕业生时，对毕业生的素质要求应该说是各有所求，不尽相同的，但是其中有一条是各个单位一致看重的，那就是诚实守信的品德。在应聘面试过程中，不少毕业生就是用自己的诚信赢得考官的青睐。

小马是一所重点大学英语专业的毕业生，她的优秀素质使她在应聘一家国际跨国公司时几轮严格考核都顺利通过，列入备选之列。之前她去一所重点中学应聘时，学校领导对她也很赏识，同意与她签约。此时面临着两难选择，如果与中学签约，一旦那家公司同意接收她，她就面临与中学毁约；如果不与中学签约，一旦那家公司不接收她，又可能失去重点中学的机会，考虑再三她还是向中学领导坦言了自己的想法和处境，希望学校能宽限一段签约时间。中学领导听了，对她的坦诚态度给予了肯定，认为为人师表诚实守信是必需的美德，并答应她的要求，一旦那家跨国公司的选拔没通过，中学欢迎她加盟。

小李是学应用数学的毕业生，到一家条件不错的外企应聘。第一次面试，他以自己的能力、素质和自信给考官留下了良好的第一印象。第二轮面试时，考官是一位美籍华人，在谈了一些专业对口问题之后，想让小李用英语与他继续交谈。小李知道自己学的是"哑巴英语"，难以招架考官，于是坦诚地对考官说："虽然我通过了英语六级考试，但我是一名数学专业学生，因为缺乏英语语言环境，口语不是很好，只能进行简单的会话，进行深入的交流还有些困难，希望我能参加你们的英语培训，培训结束后再和您深入交谈。"这位考官笑着说了声："OK!"小李成功了。

课堂活动与课后思考十四

1. 面谈、面试应做好哪些准备？
2. 面谈、面试应注意哪些问题？
3. 面试过程中的关键之一就是如何回答面试人员的问题，以下是企业面试常用的问题。同学们如能在择业面试前结合实际情况做一些准备,加上临场发挥,是能够顺利过关的。

1)请简单介绍你自己。
2)请描述一下你自己的性格和倾向。
3)你有什么兴趣与爱好?
4)你通常与哪种人相处最融洽?为什么?
5)你认为什么人最难相处?你会如何去面对他们?
6)你认为在哪种工作环境中最能发挥你的才能?
7)在职业生涯中你希望达到什么目标?
8)什么是你选择工作的首选因素?
9)五年以后你对你的工作有什么期望?
10)你对你的事业有什么长远目标?你打算如何达到目标?
11)你认为要怎样才能算事业成功?
12)你如何处理你曾遇到的困难?
13)你在学校最喜欢和最不喜欢哪一门课?为什么?
14)你认为考试成绩能否反映你的实际才能?
15)在这几年的学校生活中,你最难忘的经历是什么?
16)你从课外活动中学到了什么?
17)你有没有继续深造的打算?将采取什么方式?
18)你为什么想加入本公司?
19)你对本公司有多少了解?
20)假如你被录用了,你将如何开展工作?
21)你认为你最大的优点和缺点在哪方面?
22)你有什么工作经验和社会经验?
23)简单描述一下你参加某一次活动的情况以及你在这次活动中的职责。
24)你从学校和社会的一些实践活动中学到了什么?
25)在这些活动中,你最喜欢什么?不喜欢什么?
26)在学校和社会活动中,你遇到的最大困难是什么?如何解决的?
27)你认为在学校获得的工作经验能否应付得了新工作?
28)在学校中你和同学相处如何?
29)你的计算机水平如何?会哪些软件?
30)你的普通话水平如何?能否用普通话作自我介绍?
31)你参加过哪些技能培训?成绩如何?
32)你懂得其他语言吗?
33)假设有顾客不满意你的服务,并要投诉你,你会如何处理?
34)假设由于你的失误而使工作出现问题,但你的上司并不知情,你会怎样处理?

35）你看了最近的政府工作报告了吗？你有什么想法？
36）你认为最近政府的哪些措施会对本行业发展有重要影响？
37）你主要注意哪些方面的媒体报道？
38）你愿意去旅行吗？去哪里？
39）金钱对于你来说很重要吗？
40）您的期望薪金是多少？

终身学习篇

党的十六大提出，要"形成全民学习、终身学习的学习型社会，促进人的全面发展"，要"发展继续教育，构建终身教育体系"。

《中共中央 国务院关于进一步加强人才工作的决定》也明确指出，应"加快构建终身教育体系，促进学习型社会的形成。在全社会进一步树立全民学习、终身学习理念，鼓励人们通过多种形式和渠道参与终身学习"，要"加强终身教育的规划和协调，优化整合各种教育培训资源，综合运用社会的学习资源、文化资源和教育资源，完善广覆盖、多层次的教育培训网络，构建中国特色的终身教育体系"。当前，全国创建学习型城市、学习型社区、学习型企业的工作正在轰轰烈烈地展开，人人学习，天天"充电"将成为人们的自觉行动。本篇主要介绍：树立终身学习的观念、了解继续教育的途径，以期帮助同学们树立终身学习的观念，掌握继续教育的途径和学习方法。

第十五课 就业、立业、成才三部曲

 一、就业——树立良好的第一印象

（一）良好的开端是成功的一半

1. 抓住培训机遇，适应工作环境

一般来说企业对新招聘的员工要进行一段时间的培训，培训内容有组织纪律、企业文化、职业技能等。培训时间一般为2~4周。

毕业生离开学校走向社会是人生的一次重大转折，上岗前的培训是从学生到员工的角色转变的过渡期，要尽快抛弃学生时代所形成的依赖、任性心理和一些不良的生活习惯，树立新的角色意识，严格要求自己，认真对待所培训的学习内容和训练项目，尽快适应新的规章制度、新的工作环境。

2. 树立良好的第一印象

良好的开端是成功的一半。第一印象在实际生活中有着重要的意义。

毕业生在新的工作岗位上，要积极进取，踏实肯干，注意表现出一个优秀员工应具有的优良品质。优良品质要从具体工作中培养，从日常生活中锻炼，从每一个细小环节上做起。每一项工作任务都要认真对待，一丝不苟地去完成。另外，要特别重视领导安排给自己的第一项工作，即使这项工作不重要，也要把它完成好，以此赢得领导和同事对自己工作的认可。如果领导交办的工作很复杂、很重要，更要全力以赴去完成，以证明自己的实力。对工作应踏实肯干，绝不能因工作脏、累、单调而轻视或推诿。要自觉遵守单位的各项规章制度和工作纪律，不迟到、不早退；干工作不拖泥带水，不讲个人得失；工作时间不闲谈，不干私活；不乱翻其他人办公桌上的公文、文件；不长时间高声接打私人电话；尽量不在办公室接待亲友同学；不说低级或歧视他人的笑话；不在工作时间吃零食。上班伊始，应早来晚走，主动参加打扫办公室卫生、打开水、整理办公室的杂物等日常劳动，给领导和同事留下良好的印象。

（二）学会待人处事打开新局面

1. 了解职业、适应职业

求职成功、应聘上岗以后，要更细致、更深入地了解自己的职业岗位。如用人单位的规章制度、所在部门的规定、有关部门的职责、具体的岗位职责和道德要求、领导者的特点、同事间的人际关系、岗位的技术要领、材料工具的领取和保管……此阶段对职业的了解，有助于适应职业、胜任岗位。

适应职业，不仅是知识、技能的适应，更重要的是人际关系的适应。原来的角色是学生，生活在同学和老师之中；现在的角色是从业者，工作在同事和上级之间。角色不同，人和人之间的关系有相当大的区别。

2. 适应人际关系

如何才能营造和谐的人际关系呢？

多做事，少议论。初入新环境，应把注意力集中于尽快适应工作上，应多做少说，特别注意不要对上级领导及周围同事评头论足，不要随意加入某一派别，否则，无论是对工作的适应，还是对人际关系的建立，都是不利的。脚踏实地，埋头苦干，与每一个人都尽可能地和谐相处，有利于良好人际关系的建立和发展。

处理好与领导的关系。首先，刚到新单位，要用恰当的方式表现自己的才能，注意给领导留下良好的第一印象，以取得其信任和支持；其次，要注意给领导提意见或建议的方式和方法。一般来说，刚走上工作岗位应少提意见，特别是不能以自己的"理想模式"来看待领导，看待周围的是是非非。如果确有好的建议，一定要考虑成熟，并在适当的时间，以适当的方式向领导提出。注意与领导交往要适度，不要有事没事找领导。如果过多地与领导交往，易引起他人的误解、反感，给人一种"溜须拍马"之感。

3. 处理好与同事的关系

与领导处理好关系是必要的，但如果只注意与领导接触，而忽视与同事之间的关系，就会失去人际关系的群众基础，对工作的开展造成不利影响。一般来说，在与同事相处时，要注意以诚相待，相互尊重、信任，不可自视清高。要宽以待人，严于律己，出了问题主动承担责任。当同事有困难时，要主动关心，并及时伸出援助之手。当与同事发生矛盾时，最好当面解决，并吸取教训，防止类似矛盾的重现。在讨论工作时，不要把个人意见强加于人。对组织做出的决定，应坚决服从。

二、立业——适应企业文化

（一）企业文化的内涵和作用

1. 企业文化的内涵

什么是企业文化？应该说没有一个确定的定义。许多文化学者和管理学者对企业文化都有自己的定义。综合来看，目前学术界关于企业文化的定义可分为两大类：一类是广义的企业文化，认为企业文化包括企业物质文化、行为文化、制度文化、精神文化等；一类是狭义的企业文化，认为企业文化就是企业精神。不同的定义在于观察问题的角度不同，涵盖面的宽度不同，所强调的重点不同。

应该说，企业文化是从事经济活动的组织形成的与企业物质系统、行为系统、制度系统密切相关的企业意识形态。企业文化从属性上看属于意识范畴；从内容上看反映企业行为，是企业现实运行过程的反映；从作用上看与企业制度在不同领域互为补充，共同发挥作用。

2. 企业文化的作用

企业文化既是一种客观存在，又是对客观存在的反映。企业文化积淀形成于企业的内部，随着企业的发展，企业文化也会发展变化。企业文化是企业实践的结果，又影响企业未来的实践。

良好的企业文化对一个企业有很大的促进作用，主要包括：一是导向作用，即对企业个体成员的思想行为起导向作用，引导他们面向祖国美好未来，以集体和社会利益为重，勇于奉献；同时，引导企业树立大局观念，为国家富强多做贡献；二是整合作用，通过对企业的价值观念、行为准则、管理风格、基本制度及精神风貌等的评价，帮助企业设计新的文化观念；三是优化作用，开展文化优化活动，逐渐消除机构运行障碍，为企业提供良好的发展空间；四是创新作用，文化设计不仅可以创新企业原有的文化，而且可以向企业注入新的文化理念。可以说，在不久的将来，企业的竞争将主要是企业文化的竞争，产品的竞争也主要是文化的竞争。

（二）企业文化管理

企业文化管理的本质是"以人为本"。企业文化管理把人看成是全面发展的人，关注人的进步、人的价值观的实现，把人的发展同企业的发展联系在一起，通过创建一个使人心情舒畅、生气勃勃的企业文化环境，使员工产生一种家的归属感和荣誉感。企业文化管理重视培养企业的价值观，强调用一种共同的价值观来熏陶全体员工，以此影响员工的精神和行为，培育员工热爱企业、爱岗敬业、尽职尽责、团结奉献、勇于创新的精神，从而影响企业各项管理职能的实现和组织效能的提高。

企业文化的生命力在于运用于企业管理，不能用泛文化来看企业文化。文化管理是企业管理理论发展的必然，是企业管理理论发展的新阶段。企业文化必须落实到企业管理，企业文化必须嵌入企业战略管理、人力资源管理、生产经营管理、市场营销管理、财务管理、物流管理、伦理道德管理等。文化不能落实到管理，就不能发挥最大的作用。

（三）适应企业文化，为企业发展建功立业

毕业生进入企业，将面临以下两类问题：如何把自己所学的知识应用到职业岗位上，以适应岗位的要求；如何适应企业的文化及管理环境。前者，大部分高职院校都十分重视，但后者，还没有引起院校和学生的高度重视。事实上，很多企业职工被企业淘汰，不是因为他们的知识和能力不能胜任岗位的要求，而是由于不能适应企业文化和管理环境，无法在企业的环境里找准自己的位置，很好地发挥自己的才干。下文以"格力电器股份有公司"的企业文化为例进行介绍。

珠海格力电器股份有限公司的企业文化

企业精神： 忠诚、友善、勤奋、进取

经营理念： 制造最好的空调奉献给广大消费者

管理理念： 创新永无止境

管理特色： 合理化、科学化、标准化、网络化

服务理念： 您的每一件小事都是格力的大事

人力资源理念： 以人为本

愿景： 缔造全球领先的空调企业，成就格力百年的世界品牌

使命： 弘扬工业精神，追求完美质量，提供专业服务，创造舒适环境

核心价值观： 少说空话、多干实事、质量第一、顾客满意、忠诚友善、勤奋进取
诚信经营、多方共赢、爱岗敬业、开拓创新、遵纪守法、廉洁奉公

【企训】

忠诚　友善　勤奋　进取

【企魂】

给消费者以精品和满意，给创业者以机会和发展，给投资者以业绩和回报。

【企略】

运用双赢智慧寻求发展空间，实施规范管理激活创新机制，容纳多种声音构筑和谐环境，追求个人梦想创造格力奇迹。

要使毕业生能顺利地从学生角色转变为企业员工的角色，尽快地适应企业文化管理的环境，高职教育不仅要教会学生必要的专业基础知识和专业操作技能，还要培养学生适应社会、企业，并在社会、企业中生存、发展的能力。为此，学生在校学习生活过程中应积极参与校园文化建设，要使校园文化接受企业文化的辐射，实现校园文化与企业文化的融合；应积极参与并推动"产学结合"的教学模式。产学结合能让学生接触到企业生产、管理、服务第一线的真实情况，接触到企业的文化氛围，获得对企业文化的感性认识。

企业文化既具有共性，又具有个性，不同的企业理念，产生不同的企业文化。不同的企业理念需要不同的企业文化与之匹配，并推动企业目标的实现。毕业生刚进入一个企业，应了解其企业文化，尽快适应其企业文化，在企业的培训工作中积极配合，充分了解企业的发展历程和现状，以及未来的战略目标，这些是个人的职业信心建立的基础。没有这种主动性，没有职业理想，没有对企业的文化和价值观的理解和认可，没有融入集体的意识，等于是自己将自己打造成职业"机器人"，这种状态对职业的未来发展是极为不利的。只有充分融入团队，配合、支持团队，才能让自己在企业文化中起到积极作用；否则，如果个人的融入意识缺乏，始终独立于公司整体文化氛围和文化倾向之外，遭到淘汰将是早晚的事。

以企业（公司）发展为重，这是实现企业和个人双赢的保证。个人应该明确自己的职业定位，才能在职位上创造效能，并让工作激情使自己和"小社会"充满积极的氛围。个人要把自己的职业生涯规划和企业提供的职业轨迹结合起来，以企业发展为重，因为企业的发展是个人职业发展的基础。

三、爱岗敬业、岗位成才

（一）立志岗位成才

在企业（公司）只求站住脚跟、打开局面是远远不够的。要想继续生存下去，并使职业生涯得到发展（职位有所晋升），那就得引起上司的注意，用行动证明，你不仅能与企业、团队融为一体，而且出类拔萃。

1. 立足岗位，努力建功立业

毕业生到一个新的单位，不能"这山望着那山高"，处于"不稳定状态"。因为用人单位不会重用、提拔随时有可能"跳槽"的人。这样的人也不会抓住机遇发展和提高自己。因此，毕业生走上工作岗位后，必须从基层做起，从小事做起，从本职工作做起。只有那些始终能将每一件小事认认真真做好的人才会得到企业的赏识；只有将小事做好，才有可能为自己谋取到做"大事"的机会，才会有更大的发展。

近年来，立足岗位，艰苦创业，为国家做出突出贡献的大学毕业生不胜枚举。

青岛港桥吊队队长许振超、上海液压泵厂工段长李斌，他们虽然没有上过大学，但他们通过坚持不懈的自学，艰苦奋斗，立志岗位成才，如今成为"令世界惊叹的中国专家型工人的旗帜"。

2. 爱岗敬业，抓住机会，赢得晋升

敬业是福。每个毕业生走上社会后，都想成就一番事业。而要想在事业上有所成就，最重要的是靠什么呢？虚心学习，努力工作，不断创新，这些都是不可或缺的，但许多职业生涯成功人士的经验是：最重要的是要有敬业精神。敬业是做人、做事应具备的基本素质，也是学习、工作、创新乃至成功的原动力。毕业生的实践经验、工作能力、业务水平，往往一时难以适应所从事的职业，但只要你能敬业，经过不懈努力，一定会胜任所担负的工作。

机会是一个不可捉摸的精灵，无形无影，无声无息，它有时潜伏在你的工作中，有时徘徊在无人注意的角落，你如果不用苦干的精神努力去寻求、去创造，也许永远遇不到它。没有耕耘，就没有收获，任何成功包括晋升的成功也是主观努力争取的结果。

高职生当上企业主管

2006年7月，闫文静从湖北职业技术学院机电工程系毕业，旋即加入大洋电机，成为企业当年招收的百名储备干部中的一员。"当时100名储干，超过一半是本科生和研究生。"然而，职校出身的闫文静却不气馁，"由于学历低而自卑，但也因此对自己有了更准确的定位。"闫文静相信，只要肯埋头努力，大专生不会输给本科生、研究生。储备干部们需要到基层车间先实习一个月。然而，"工作太累""条件不好""这工作不适合大学生做"……实习期间陆续有20多名同期的储备干部离职。种种抱怨没能影响闫文静，她仍一声不吭地干着车间工人的粗活累活，甚至常常比一线工人更迟下班。闫文静的刻苦和才华，获得了公司领导的赏识。正式上班3个月后，公司任命闫文静担任行政管理部部长助理，第二年部长离职，年仅21岁的她接任，后来兼任团总支书记。同期的新员工中，她是最早步入主管岗位的。

在南方打拼6年，期间闫文静只回过3趟家；6次春节，只有1次在乌兰察布度过。那些不回家的春节里，闫文静的时间都花在组织员工活动上。"因为太忙了，而且春节期间为了留住员工，身为行政管理部长，要安置好不回家过年的员工。忙完了，晚上回到家，就自己一个人看春晚，一边看一边掉眼泪。"闫文静说。

做义工"一箭双雕"

基层工人大多来自外省，异乡人融入本地的种种难处，闫文静深切地明白。同时她还观察到：大家平时的生活也比较单调。总是车间、宿舍、车间、宿舍，两点一

线，很多人平时生活视野很窄。对此，闫文静想到了一个一箭双雕的办法：做志愿服务。"一来，可让异地务工人员与当地人有更多的接触，从而加深了解；二来，可提升异地务工人员在当地社会的形象；三来，可提升异地务工人员本身的素质，丰富他们的业余生活。"2010年，在闫文静的组织下，大洋电机成立志愿者义工服务队。考虑到中山交通事故死伤者多数为异地务工人员，她便和义工们一同开展交通安全宣传；考虑到外来打工者大多租住在厂区附近的社区，她又和义工们主动深入社区，和居民一起清理社区垃圾。如今，这支服务队已成为中山市西区知名的社会组织，在编的员工已经有300多名。公司员工在参加活动的同时，也逐渐融入了本地社会。闫文静的积极工作得到了社会的认同，2010年她荣获"广东省百佳团支部书记"称号，2011年荣获"中山市百佳外来务工人员"称号。

她用自己的努力，演绎了一部蓝领版的"杜拉拉升职记"：在有着5000多名员工、300多名团员、78名党员的大洋电机里，年仅26岁的闫文静可是一位名人。从家乡内蒙古乌兰察布到湖北孝感读高职，毕业后再到中山市大洋电机任职，闫文静的人生"一路向南"，事业则"一路向上"：6年前，她还是活跃在企业一线的储备干部，到如今，她已是公司的主管、志愿服务队的队长、党的十八大代表。

闫文静的工作表现得到公司肯定，从部长助理升职为代理部长、部长。在很多人的眼里，闫文静是一个幸运儿，也有些人怀疑她是公司高层领导的亲戚，其实应了那句名言："机会总是青睐有准备的人。"（摘自《南方日报网络版》2012-11-05）

（二）面向基层，建功立业

当前，随着经济体制改革和经济结构的战略调整，一方面高校毕业生就业面临着一些困难和问题，另一方面广大基层特别是西部地区、艰苦边远地区和艰苦行业以及广大农村还存在人才匮乏的状况。

好儿女志在四方。面向基层，建功立业，是当代青年人应有的志向和抱负。党和国家引导和鼓励高校毕业生到基层工作，既着眼于充分发挥高校毕业生在现代化建设中的作用，更着眼于当代大学生的健康成长。大学毕业生思想敏锐、朝气蓬勃，有知识，有文化，正值创业的大好时期。广大基层为毕业生提供了服务人民、报效祖国、施展才干的广阔舞台。

"到基层去，到祖国最需要的地方去。"这是无数高校毕业生奉献社会、报效祖国的心声。接触基层、熟悉基层、融入基层，这个过程不仅是青年人认识上的重大进步，更是责任心和使命感的升华。

毕业于山西工程职业技术学院的牛国栋，是青年岗位能手，不锈钢冷轧厂技术比武状元。他先后被评为太原市特级劳模，山西省特级劳模，还是全国五一劳动奖章获得者；党的十八大、十九大代表。

爱上轧钢专业：当年考大学，牛国栋第一志愿就报考了山西工程职业技术学院轧钢专业，从此和轧钢结下了不解之缘。他刻苦学习轧钢专业知识，学习成绩很快就在全班名列前茅，多次获得学校奖学金。凭借刻苦的学习，牛国栋奠定了坚实的专业基础。

学生实训是一门实践课，牛国栋深知这关系到自己将来能不能胜任工作岗位，因此，他不放过企业生产的每一个环节和运作原理。他爱琢磨事，总是把关键技能掌握到熟练为止。最后，他以优异的成绩通过各项实训考核。

1999年毕业后，牛国栋来到太原钢铁公司，现在是不锈钢冷轧厂第一轧制作业区的一名大班长。近几年来，他大大小小的荣誉拿了上百项。牛国栋说，他感谢学校的培养，为自己成为大家都认可的技术骨干感到自豪。

千锤百炼成"好钢"：2012年年初，太钢引进了世界规模最大、填补国内空白的宽幅光亮板生产线，牛国栋主动请缨，担任宽幅轧机大班长，承担了挑战性极强的新设备调试工作。凭着技术钻研上的一股牛劲，牛国栋带领团队刻苦钻研，不到一个月就实现了一次过钢成功，试生产15天后即正式投产（而通常从试车到投产需要3个月时间），创造了单机架轧机调试时间最短、投产最早、产品质量起点最高的纪录，让外籍专家赞叹不已。

如今，太钢不锈钢冷轧厂能够生产全球最宽、最薄、最厚、最高等级的不锈钢冷轧板，产品应用于高端领域，出口30多个国家和地区。牛国栋也早已成为厂里高精尖技术团队中的一块"好钢"。他用"摸石头过河"的工作思路和轧制方法，对特种钢和高附加值钢的轧制工艺加以创新，提升质量指标。他发表了学术论文《冷轧中关于悠卷的新解与思考》，按照论文中提出的方法，冷轧断带率由原来的1.5%下降到零，每年可减少损失约71万元。公司开展降本增效活动，牛国栋带领他的班组交上一份完美的成绩单：轧制的产品规格最多、平均厚度最薄并且难度最大；厚度不合格卷为0、辊印不合格为0、擦划伤不合格为0；挽救的不合格品和改轧料最多……牛国栋被大伙亲切地称为"牛"班长：一是因为他姓牛，更多的是因为他的工作业绩太"牛"了。

"好钢"用在刀刃上：2011年，"牛国栋创新工作室"正式成立，成为职工自主创新的平台。他不仅总结出了各种学习方法，而且针对生产现场、生产过程中容易出现的各种质量、操作、设备问题，开展了行之有效的一月一课题、一月一攻关、一月一总结活动，编写出本班组的质量工作指导方法，降低了生产损耗。担任班长10年来，牛国栋带领团队，多次创造了新装备产品质量、安全生产等方面的新纪录，为企业增加效益上亿元。他带领的班组也被评为全国学习型班组标兵。

虽然诸多光环加身，但牛国栋仍然是班组里干活最积极的一个。在多年的工作中，牛国栋始终把"立足岗位、争做最好"当作自己的人生信条。"我无论大事小事都要干出一二三四，要做到最好！"回忆起那段艰苦奋斗、艰难赶超的时光，牛国栋说，为了提高轧钢技术，他长年累月反反复复进行轧钢试验，边试验、边记录、边比较，轧钢技术终于不断提升。

牛国栋，一名高职院校的普通毕业生、基层一线工人，用自己的实际行动和优秀的工作业绩，诠释了一名共产党员该如何履行职责。牛国栋说："时代需要的不仅是爱岗敬业的'老黄牛'，更需要我们通过学习不断提高技能适应现代企业的要求。我要在自己的岗位上履行好职责，做好应该做的工作。"（摘自《中国教育报》2012年11月14日）

由全国总工会、中央广播电视总台联合举办的2018年"大国工匠年度人物"发布活动，经过自下而上推荐、初选、评委会评选等环节，产生出10位2018年"大国工匠年度人物"，陈行行是其中一员。陈行行，1990年出生于山东省微山湖畔，毕业于山东技师学院，现任中国工程物理研究院机械制造工艺研究所高级技师，先后获得"全国五一劳动奖章""全国技术能手""四川工匠"等荣誉称号。他用3年时间完成了普通人需要16年时间达成的目标，成为单位在新设备运用、新功能发掘、新加工方式创新等方面的领军人才。作为研究所唯一的特聘技师，他具体管理着3个高技能人才工作站，并兼任某壳体高效加工和加工中心两个高技能人才工作站的领办人。

颁奖大会上关于陈行行的颁奖词是：年仅29岁的国防工业的年轻工匠，在新型数控加工领域，以极致的精准向技艺极限冲击。用在尖端武器装备上的薄薄壳体，通过他的手，产品合格率从难以逾越的50%提升到100%。一个最大的自豪是：这个世界不必知道他是谁，但他参与的事业却惊艳了世界。

青涩年华化为多彩绽放，精益求精生成青春信仰。大国重器的加工平台上，他用极致书写精密人生。陈行行，胸有凌云志，浓浓国情！

延伸阅读 1

毕业五年决定你的一生，送给即将走出校园和正在打拼的你

赡养父母、结婚生子、升职加薪……毕业后的5年，是人生中的关键。这5年里的迷茫，会造成10年后的恐慌，20年后的挣扎，甚至一辈子的平庸。如何才能快速实现学生到职业人的转变？几个建议给即将走出校园，或正在职场打拼的你。

成功的人不是赢在起点，而是赢在转折点。

不少刚刚毕业的年轻人，总是奢望马上就能找到自己理想中的工作。然而，很多好工作是无法等来的，你必须选择一份工作作为历练。也许你的第一份工作差强人意，那么从这里出发，好好地沉淀自己，从这份工作中汲取价值，厚积薄发。

能干工作、干好工作是职场生存的基本保障。

能干是合格员工最基本的标准，肯干则是一种态度。工作中，活干得比别人多，你觉得吃亏；钱拿得比别人少，你觉得吃亏；经常加班加点，你觉得吃亏……其实，没必要这样计较。现在吃点儿小亏，为成功铺就道路，也许在未来某个时刻，你的大福突然就来了。

毕业这几年，你得到的是雪花还是雪球？

成功需要坚持与积累，与其专注于搜集雪花，不如省下力气去滚雪球。记住：散落的雪花会很快融化，雪球更长久。在毕业头几年，你要是能比别人多付出一分努力，就意味着比别人多积累一分资本，比别人多一次成功的机会。

（来源：大学生必备网）

延伸阅读 2

顶岗实习的要求

顶岗实习是高职院校各专业学生大学学习阶段重要的实践性教学环节之一。通过实习，学生将进一步了解社会，增强对社会主义现代化建设的责任感、使命感，理论与实践相结合，进一步加深对专业理论知识的理解与运用，培养学生解决生产、管理、服务等方面实际问题的能力；为写作毕业论文收集有关信息资料。毕业顶岗实习是高职院校突出培养学生职业能力的另一种教学方式，能较好地检验学生在校两年多的学习情况和综合职业素质，使学生的职业能力在实践运用中进一步深化。顶岗实习过程中的基本要求是：

1. 要求学生充分认识顶岗实习的重要性。实习是一个人由学习阶段走向社会实践的一个过渡阶段，要充分利用这个阶段来适应职业工作，要做到踏实、谦虚、认真。

2. 学生离校参加顶岗实习之前必须与校内指导教师取得联系，明确各项实习任务。在实习期间学生每周应通过电话、邮件、QQ、微信等方式主动与校内指导教师汇报顶岗实习及实习报告撰写情况。

3. 学生按实习要求，严肃认真地参加和完成实习任务并注意培养自己的能力。实习期间，每周撰写实习周志，实习结束后提交实习报告。

4. 实习中要主动、独立、热情地完成实习任务，注重理论联系实际，运用所学知识和能力做好岗位工作，为企业创造价值。

5. 虚心向企业技术人员、工人师傅请教，尊重其领导。

6. 遵纪守法，遵守实习单位规章制度，遵守社会公德和社会秩序，不准擅自离开实习地点，不准无故旷课旷工，迟到早退，不准寻衅闹事，若有违纪行为，按学校规定处理。

7. 实习期间，注意精神文明建设，讲究文明礼貌，爱护公物，同时与单位同事搞好团结。要自尊、自爱、自强，关心集体，不要做有损学校荣誉的事。有事请及时向相关的指导教师报告。

8. 牢固树立"安全第一"的思想，注意人身安全和财产安全，防止意外事故发生，圆满完成顶岗实习任务。

课堂活动与课后思考十五

1. 求职成功上岗后，如何适应职业岗位以求发展？
2. 为什么说敬业是福？
3. 列举你所熟悉的人中的岗位成才事迹，谈谈从中得到哪些体会。

第十六课　树立终身学习的观念

一、学习型社会的形成

《中国教育现代化2035》提出,将学有所教与终身受益作为衡量教育发展水平的重要标准,加快建成伴随每个人一生的教育,让学习成为生活习惯和生活方式。为此必须坚持以学习者为中心,建成服务全民终身学习的现代教育体系,建立渠道更加通畅、方式更加灵活、资源更加丰富、学习更加便利的终身学习体系,形成全民积极向学、随时随地可学的制度环境,推进全民终身学习,建设学习大国,大力提高国民素质。

20世纪60年代,终身教育作为现代教育思想开始出现,1965年法国教育家保罗·朗格朗正式向联合国教科文组织提出终身教育议案。"学习型社会"是1968年由美国学者罗勃特·赫钦斯首次提出,1972年联合国教科文组织正式把"学习型社会"作为未来社会形态的构想。终身教育和学习型社会作为一种全新的理念,在国际社会受到广泛重视,许多国家确立了相应的发展战略,积极致力于构建终身教育体系和学习型社会。

1. 创建中国特色的学习型城市

我国对这方面的研究比国际社会晚了几年,但在党中央和国务院的高度重视下,在广大教育工作者的努力下,近一个时期以来终身教育和学习型社会的理论研究与实践探索取得了很大进展。1993年中共中央、国务院印发的《中国教育改革和发展纲要》和1995年颁布的《中华人民共和国教育法》都明确提出了要建立和完善终身教育体系的要求。进入新世纪，党中央、国务院对学习型社会建设提出了新的、更高的要求。2001年5月，江泽民同志在亚太经合组织人力资源能力建设高峰会议上提出"构建终身教育体系，创建学习型社会"的号召。2002年，党的十六大报告中又把"形成全民学习、终身学习的学习型社会"作为全面建设小康社会的重要目标之一。

为贯彻落实党的十六大提出的"形成全民学习、终身学习的学习型社会"的目标，进一步推进学习型城市创建工作的开展，2003年8月12日至13日，教育部职业与成人教育司、中国职业技术教育学会、中国成人教育协会和教育部职业技术教育中心研究所在深圳市联合召开了全国创建学习型城市工作研讨会。

研讨会认为，提出和积极推进学习型城市创建工作，是贯彻落实党的十六大精神和全面建设小康社会目标的重要任务，也是我国经济和社会发展的必然要求。创建学习型城市必须坚持以"三个代表"重要思想为指导，坚持理论、观念的创新和在实践中不断探索，努力提高全社会对创建学习型城市的认识。创建学习型城市是一项系统工程，需要在党委、政府的领导下整体推进，需要明确和发挥教育部门在推动创建学习型社会的工作中规划、组织、实施的重要作用。形成全民学习、终身学习的学习型社会，要以国民教育体系和终身教育体系为支撑，实现人的全面发展，实现经济、社会的全面发展。要把逐步建立和完善构建终身教育体系，继续大力发展社区教育，继续推进学习型企业的创建工作，努力发展多种形式的学习型组织，开展多样化的教育培训活动，作为创建学习型城市的基本途径和重要任务。

由清华大学终身学习实验室主办的2017终身学习国际会议（ICLL）于2017年5月20-21日在清华大学举行。本次会议旨在倡导21世纪全球科技发展背景下终身学习的理念，召集专家学者、教育工作者、创新实践者以及所有影响并决定教育的人，分享国内及国际上创新学习的研究成果和优秀实践。终身学习是一种理念，它激励着我们每一个人持续不断的去主动追求自我实现。终身学习也是我们面对不断变化的世界来发展个人综合素质的途径，是通过自我激励、审慎思考、不懈追求而获得知识与技能的过程。终身学习的理念在科技创新的浪潮下与时俱进，在每一个人的实践中历久弥新。

来自中国、丹麦、法国、美国、瑞士等国家的280余位嘉宾出席了会议，另有800人次在线观看了会议视频。清华大学副校长、清华大学教育基金会理事长、清华大学终身学习实验室指导委员会主任杨斌教授致开幕词，他首先对出席本次会议的各国嘉宾和朋友们表示热烈欢迎，并感谢丹麦乐高基金会对终身学习实验室的支持。杨斌教授从理论与实践相结合的角度阐述了他对终身学习的理解和思考，他指出终身学习在中国任重道远，终身学习也是每一个人面临的挑战。他说：本次会议的召开恰逢其时，必定会对终身学习理念在我国的普及起到积极的推动作用。教育部教育装备研究与发展中心刘强处长也发表热情洋溢的致辞，她指出：终身学习是当下非常重要的议题，教育不仅仅是传授知识，更重要的是要培养才能、塑造人格。

2. 树立终身学习的观念

国家中长期教育改革和发展规划纲要（2010~2020年）"第八章 继续教育"中提出：

加快发展继续教育。继续教育是面向学校教育之后所有社会成员的教育活动，特别是成人教育活动，是终身学习体系的重要组成部分。更新继续教育观念，加大投入力度，以加强人力资源能力建设为核心，大力发展非学历继续教育，稳步发展学历继续教育。重视老年教育。倡导全民阅读。广泛开展城乡社区教育，加快各类学习型组织建设，基本形成全民学习、终身学习的学习型社会。

建立健全继续教育体制机制。政府成立跨部门继续教育协调机构，统筹指导继续教育发展。将继续教育纳入区域、行业总体发展规划。行业主管部门或协会负责制定行业继续教育规划和组织实施办法。加快继续教育法制建设。健全继续教育激励机制，推进继续教育与工作考核、岗位聘任（聘用）、职务（职称）评聘、职业注册等人事管理制度的衔接。鼓励个人多种形式接受继续教育，支持用人单位为从业人员接受继续教育提供条件。加强继续教育监管和评估。

构建灵活开放的终身教育体系。发展和规范教育培训服务，统筹扩大继续教育资源。鼓励学校、科研院所、企业等相关组织开展继续教育。加强城乡社区教育机构和网络建设，开发社区教育资源。大力发展现代远程教育，建设以卫星、电视和互联网等为载体的远程开放继续教育及公共服务平台，为学习者提供方便、灵活、个性化的学习条件。

搭建终身学习"立交桥"。促进各级各类教育纵向衔接、横向沟通，提供多次选择机会，满足个人多样化的学习和发展需要。健全宽进严出的学习制度，办好开放大学，改革和完善高等教育自学考试制度。建立继续教育学分积累与转换制度，实现不同类型学习成果的互认和衔接。

学习型社会理论与终身教育思想是在同一社会背景下产生的，学习型社会是人类社会发展到知识经济时代和信息时代的必然产物，是现代社会发展和人的发展的必然要求。

终身学习是以学习者为中心，自主和能动的自我导向学习为核心；以自觉、主动、渴望学习为基本要求；以注重过程、强调连续、与时俱进、始终不辍为其基本特征的学习理念。终身学习是一种个体发挥创造潜能、追求自身发展的自我塑造、自我实现的过程，是"一种生活方式，一种增长自己的声望、社会影响和适应能力"的手段。邓小平同志曾题词"学习是前进的基础"。从大处看，是否重视和善于学习，是一个政党的生命力所在，是一个国家、民族兴衰成败的重要因素，学习是现代民族精神极其重要的组成部分；从小处看，高新知识"充电"、科技智能内化、职业技能升级等，都使受教育者的生命潜能得到释放，生命质量得到提升。实施就业与创业学习教育是我国教育教学改革的必然选择，是职业生命的必备内容。学习已成为生存、发展之道，知识将改变人们的命运。

二、终身学习与职业人生

1. 职业人生的特征

职业人生的本质是指人们必须依靠自己的脑、手劳动去谋求生存和发展。一般人都生存于三种生命周期中,即生物社会、婚姻家庭和工作职业生命周期,且以工作职业生命周期最为重要。职业人生的特征,一是生存必须付出劳动;二是生活跋涉于职业旅程之中;三是人生拾级于职业阶梯之上;四是始终感受着职业和失业群体的压力;五是职业劳动者的家庭和社会负担较重;六是职业劳动者的成就与奋斗总体成正比;七是日益公平的社会竞争下职业成功与个人拼搏的轨迹呈正态分布;八是体面生存、优势生存迫使人们终身持续学习。

2. 终身学习与职业人生的关系

终身学习是更新知识、完成职业人生的必由之路。"终身学习",就是特别强调学习的非一次性、不间断性、变化性和适应性。摩尔定律表明,计算机软件等知识更新的周期只有18个月。相关研究表明,一个大学毕业生的"创造年龄"不超过4年,工程技术的有效期只有3年。卡兹曲线反映出科研组织的最佳年龄区只在1.5年~5年之间。所有这些表明,不断更新知识、接受再教育是职业人生不可分割的组成部分,任何人都将无法回避。美国人平均一生中大约变更工作7次,不学无术、止步不前、仅凭"一技之长"就想拥有体面人生是不可想象的。终身学习是人们体面生存和继续职业生涯的必然选择。

延伸阅读 1

学习是生存的需要,也是发展的需要

2005年5月2日上午,刚刚从北京"全国劳模表彰大会"上载誉归来的常州黑牡丹股份有限公司的青年技术工人、新时期知识型工人的楷模——邓建军专场报告会,在南京大学引起热烈反响。会上,邓建军及"邓建军科研组"创始人以朴实无华的语言与南大学子作了对话交流,令人感动,给人启发。

1988年,邓建军中专毕业后进入黑牡丹公司工作,以干部的身份一直在一线当工人,这一干就是17年。17年间,邓建军参与了400多个项目的技术改造,独立完成了140多个项目,仅其中一项就创造经济效益3000多万元。他带头创造发明的两项技术已经申请国家专利,填补了牛仔布制造业的国际空白,实现了从学习型工人到知识型工人再到工人式专家的跨越。

邓建军在17年间取得的骄人业绩让学子们深深切切体会到了一种对技术、对业务的执着与责任心。谈及如何在当今这个略显浮躁的社会氛围中坚守这份执着与责任时,邓建军坦言,这是给"逼出来的",是个人生存的需要。无论是专科生、本科生还是研究生,都不会希望自己永远停留在原来的水平,从这个意义上说,学习也是发

展的需要。邓建军给自己规定：每天都要抽出 1~2 个小时来学习。

邓建军是第一次走进南大与学生们进行如此近距离的交流，感慨颇多。邓建军寄语南大学子，不断学习，学习终身，不断提高自己的工作能力与竞争力，尤其是增强实践能力。

（来源：《中国教育报》）

延伸阅读 2

激励匠人匠心　支撑制造强国

2020 年 12 月 10 日，中华人民共和国第一届职业技能大赛在广州开幕。中共中央总书记、国家主席、中央军委主席习近平发来贺信，向大赛的举办表示热烈的祝贺，向参赛选手和广大技能人才致以诚挚的问候。习近平在贺信中强调，激励更多劳动者特别是青年一代走技能成才、技能报国之路，培养更多高技能人才和大国工匠，为全面建设社会主义现代化国家提供有力人才保障。

技术工人队伍是支撑中国制造、中国创造的重要基础。纵观世界工业发展史，但凡工业强国，都是技师、技工大国。近年来，我国加快建设一支知识型、技术型、创新型劳动者大军。截至目前，在我国就业总人口中，技术工人近 1.7 亿，占 25%，其中高技能人才近 4800 万。如果将中国的发展比作一辆列车，那这趟列车行稳致远的背后，匠人匠心功不可没。比如精度为 0.003 毫米的航空产品零件从何而来？一把锉刀手工锉削出来。时速达 350 公里的"复兴号"如何成型？离不开"一枪三焊"的独门绝技……一批又一批技能"达人"用坚持、专注的工匠精神，成就了中国速度、中国精度。

很快，我国将进入新发展阶段。我们将比以往任何时候都更加需要高素质劳动者，都更加需要高技能人才和大国工匠。站在如此特殊的历史节点，全国技能大赛从无到有、从 0 到 1，其本身就释放着鲜明的信号，有着特别的意义。

以赛促学、以赛促教。第一届全国技能大赛，是新中国成立以来规格最高、项目最多、规模最大的全国性、综合性职业技能赛事。三个"最"字叠加，水平之高、竞争之激烈不言而喻。来自全国 36 个代表团的 2500 多名顶级高手，将"论剑"羊城、各展其能——有比赛就会有切磋，就会分高下，就会发挥激励、引领、带动作用。全国技能大赛不仅是紧张激烈的较量，也是交流、分享、合作的过程。赛场周边，五大展区展示着各地各行业技能人才队伍建设的成果、技工教育经验、地方特色技能技艺等，为政府、企业、院校搭建了深入交流合作的平台。一场大赛，汇聚各地高手，集聚多方资源，必将助力技能人才培育，引来源源不断的化学反应。

以技服人、以技圈粉。谈及技能人才培育，人们常提到一个关键词——厚植沃土。如何厚植？宣传、引导，必不可少。全国技能大赛是比赛，更是舞台，全面展现着技能人才的风采。赛场上，新娘花饰、美容美发、花艺、烘焙、植物设计等项目，极具观赏性。电钻钻鸡蛋、触测蒙眼配钥匙、数控微雕、玑镂刻花等一项项"中华绝技"，让人眼界大开。更值得一提的是，全国技能大赛有展演，更有互动。市民可现场围观，每个项目都配有专业解说员。此外，音频、视频同步直播，将辐射全国各地观众。"技可进乎道，艺可通乎神"。全国技能大赛不仅有技艺的切磋，还有价值的传递、精神的涵养。赛场内外、线上线下，更多的人将发现技术很美、很迷人，精益求精的工匠精神很赞、很圈粉。春风化雨、润物无声，这样的围观、互动难能可贵。

培养更多高技能人才和大国工匠，这是再强调、再宣示。展望"十四五"、面向新发展阶段，意味着新起点、新契机。各地要把技能人才工作摆在更加突出的位置，持续壮大技术工人队伍，为经济高质量发展提供更坚实支撑。对于个体而言，技能人才大有可为，也当大有作为。肯学、肯干、肯钻研，练就一身真本领，掌握一手好技术，必能让人生更出彩，

为中国制造、中国创造做出更大贡献。

（来源：《中国教育报》）

课堂活动与课后思考 十六

1. 学习型社会和终身教育思想是在什么社会背景下产生的？

2. 为什么说终身学习是人们体面生存和继续职业生涯的必然选择？

3. 结合本讲内容谈谈对学习型社会和终身教育的认识。

第十七课　了解继续教育的途径

一、继续学习与学历提高

古人尚知道"活到老，学到老"的哲理，在科技进步对职业演变的影响越来越大的今天，终身学习更是人的立身之本。只有不断补充，更新自己的知识和技能，才能在竞争激烈的社会中立足，才能使自己有一个成功的职业生涯。现代社会是个终身学习的社会，要树立学无止境的观念，只有肯学习、会学习的人，才能在职业生涯中取得成功。

（一）继续学习的方式

1. 自学

自学是终身学习的主要方式。自学必须有明确的目标，对"学什么"要认真选择。自学内容应该围绕职业生涯规划中的阶段目标需要予以选择，不论"钻一行、精一行"，还是准备转换职业，都需要针对实际需要来选择学习内容，做到针对性强、学以致用。

自学需要有较强的自我控制能力。在边工作、边学习的过程中，要珍惜时间、提高效率、勤奋刻苦、谦虚好问、持之以恒。自学既可以是看书，也可以借助网络等现代方式，还可以在职业实践中训练。在自学过程中，要注意向同事、向亲友、向一切可以为师的人虚心求教。

自学能力是依靠自己已有的知识、技能和经验，去获取新的知识和技能的一种能力。高等职业院校学生的学生时代就要结束，职业生涯即将开始，要充分利用在校生活的黄金时间，在日常学习中自觉提高自学能力，为终身学习做好准备。

2. 求学

求学也应该围绕自己的职业生涯规划安排。求学有两种方式，一种是参加工作后，选择培训班学习某种知识或技能，注重实用性、针对性；另一种是升学，取得高一级学历，以提高职业生涯的起点。

（二）继续深造提高学历

高职毕业生继续深造提高学历，目前有两种情况：一是毕业后就业，在工作的同时利用业余时间学习，提高学历；二是毕业后不想马上就业，选择继续升入高一级的学校学习，取得高一级学历。

二、取得高一级学历的主要途径

（一）专升本

专升本考试是指大学专科层次学生进入本科层次阶段学习的选拔考试，是中国教育体制大专层次学生升入本科院校的考试制度。

专升本分为两种类型：第一类是普通高等教育专升本（亦称统招专升本），考试对象仅限于各省、直辖市、全日制普通高校（统招入学）的专科应届毕业生。第二类是成人高等教育专升本，其拥有四种途径：包括自考专升本、成人高考专升本（分业余和函授两种学习方式）、网络教育专升本（远程教育）、开放大学（原广播电视大学）专升本。

统招专升本考试的选拔工作各省各有不同，现基本上由各省教育考试院主持举办，统一考试。从2013年起，部分省份改由各本科院校出卷自主选拔。各省每年的统招专升本招生计划根据教育部统一下达的普通高等教育分学校、分专业招生计划而制订。

统招专升本各省的考试形式不一，分为统考和校考两种。

统考考试科目分文科（大学语文、大学英语、计算机为基础）、理科（高等数学、大学英语、计算机为基础），录取类别由专科阶段所学专业决定。校考一般为基础课和专业课，由本科院校出题。

（二）成人高考

成人高等学校招生全国统一考试（简称"成人高考"）。考试分专科起点升本科（简称专升本）、高中起点升本科（简称高升本）和高中起点升专科（高升专）三个层次。成人高等教育属国民教育系列，列入国家招生计划，国家承认学历。成人高等学校的学习形式有三种：脱产、函授和业余（包括半脱产、夜大学）。脱产最短学习时间为：高升本四年、高升专和专升本两年；函授和业余最短学习时间为：高升本五年、高升专和专升本两年半。

（三）远程网络教育

远程网络教育是一种新兴的教育模式，自1999年以来，教育部批准如清华大学、对外经济贸易大学等 68 所普通高等教育学校开展现代远程教育试点工作，允许上述试点高校在校内开展网络教学工作的基础上，通过现代通信网络，开展学历教育和非学历教育。对达到本、专科毕业要求的学生，颁发高等教育学历证书，学历证书电子注册后，国家予以承认。

（四）自学考试

高等教育自学考试是对自学者进行以学历为主的高等教育国家考试，是个人自学、社会助学和国家考试相结合的高等教育形式。自考制度创立于 1981 年。自学考试已遍及全国 31 个省、自治区、直辖市及军队系统和港、澳、台地区，是我国规模最大的开放的高等教育形式。

（五）电视大学

电视大学开放教育是相对于封闭教育而言的一种教育形式，基本特征为：以学生和学习为中心，取消和突破外部条件对学习者的限制和障碍。比如开放教育对入学者的年龄、职业、地区、学习资历等方面没有太多的限制，凡有志向学习者，具备一定文化基础的，不需参加入学考试，均可以申请入学；学生对课程选择和媒体使用有一定的自主权，在学习方式、学习进度、时间和地点等方面也可以由学生根据需要决定；在教学上采用多种媒体教材和现代信息技术手段等。

（六）直接考研

高职（专科）毕业生在工作两年以后可以报考研究生。国家考研政策规定：国家承认学历的专科毕业生报考硕士研究生，须毕业两年或两年以上，并达到大学本科毕业生同等学历。

国务院印发《国家职业教育改革实施方案》（国发〔2019〕4 号）《方案》指出：完善学历教育与培训并重的现代职业教育体系，畅通技术技能人才成长渠道。发展以职业需求为导向、以实践能力培养为重点、以产学研用结合为途径的专业学位研究生培养模式，加强专业学位硕士研究生培养。推动具备条件的普通本科高校向应用型转变，鼓励有条件的普通高校开办应用技术类型专业或课程。开展本科层次职业教育试点。制定中国技能大赛、全国职业院校技能大赛、世界技能大赛获奖选手等免试入学政策，探索长学制培养高端技术技能人才。服务军民融合发展，把军队相关的职业教育纳入国家职业教育大体系，共同做好面向现役军人的教育培训，支持其在服役期间取得多类职业技能等级证书，提升技术技能水平。落实好定向培养直招士官政策，推动地方院校与军队院校有效对接，推动优质职业教育资源向军事人才培养开放，建立军地网络教育资源共享机制。制订具体政策办法，支持适合的退役军人进入职业院校和普通本科高校接受教育和培训，鼓励支持设立退役军人教育培训集团（联盟），推动退役、培训、就业有机衔接，为促进退役军人特别是退役士兵就业创业做出贡献。

人人都希望自己有本领，任何从业者都需要本领。要养成良好的学习习惯，像海绵吸水那样不断汲取知识，不断提高自己的本领。要善于根据自己的客观条件，选择学习方式，为职业理想的实现创造条件。

2019年4月30日习近平在纪念五四运动100周年大会上的讲话时教导青年："新时代中国青年要练就过硬本领。青年是苦练本领、增长才干的黄金时期。'青春虚度无所成，白首衔悲亦何及。'当今时代，知识更新不断加快，社会分工日益细化，新技术新模式新业态层出不穷。这既为青年施展才华、竞展风采提供了广阔舞台，也对青年能力素质提出了新的更高要求。不论是成就自己的人生理想，还是担当时代的神圣使命，青年都要珍惜韶华、不负青春，努力学习掌握科学知识，提高内在素质，锤炼过硬本领，使自己的思维视野、思想观念、认识水平跟上越来越快的时代发展。"

延伸阅读 1

"2019 终身学习与未来人才国际会议"新闻发布会在清华大学举行

"2019终身学习与未来人才国际会议"新闻发布会与主题工作坊在清华大学终身学习实验室举行。来自"2019终身学习与未来人才国际会议"组委会成员、清华大学终身学习实验室负责人，以及众多教育创新领域研究者、实践者出席了本次交流活动。

终身学习国际会议在2017年和2018年已经成功举办过两届。为进一步研究贯彻十九届四中全会提出的"构建服务全民终身学习的教育体系"精神，清华大学联合北京市教育委员会将于12月22-23日在北京国家会议中心共同主办"2019终身学习与未来人才国际会议"。本届国际会议将重点探索人工智能时代背景下终身学习体系建设及未来教育理念和模式创新，促进基础教育对外交流合作、相互启发与借鉴，分享青少年儿童终身学习力和未来人才培养的实践经验。

据本次国际会议的承办单位——清华大学终身学习实验室负责人介绍，本次学术会议体现出"国际化、跨平台"等特点，邀请了来自北京市政府机构、清华大学、麻省理工学院、哈佛大学、北京师范大学、首都师范大学、赫尔辛基大学、清华附中的多名教育管理者、国际一流专家学者、一线教育决策者与教育实践者，就如何培养终身学习力与未来人才、未来人才的评价标准、人工智能背景下的教育创新探索，未来教育图景设计、创新教育全球探索等话题展开深入的交流与讨论，为跨学科、跨年龄、跨情景的终身学习与未来人才培养进行多方对话提供平台。

本次国际会议将在探索终身学习和未来教育顶层设计理念与发展方向的基础上，突出"实战化"特点，推出一批解决方案探索和最佳实践案例。将邀请在幼儿园、小学、中学、大学，以及公立、私立等一线教育者，从基础教育和高等教育，体制内和体制外，国际和国内跨文化，以及不同地区等维度进行观点对撞和经验互鉴。在国际大会的"少年说"环节，邀请孩子们作为主角登台表达，通过分享他们真实的"玩中学"过程，通过模拟真实组织协作完成的编程作品，表达对于未来教育模式的需求和思考。在本次国际会议上，清华大学终身学习实验室基于相关的研究与实践，将发布"终身学习与未来人才培养框架"，就如何进行未来教育与终身学习力的培养提出了自己的解决方案。

交流会现场的教学工作坊环节，参加活动的嘉宾化身为学生，体验了终身学习实验室带来的系列未来课程：未来世界的思考模式——计算思维课程，未来世界的建构模式——工程思维课程，以及未来世界的创新模式——设计思维课程，对未来科技创造力教育，玩中学激发持久学习热情、PBL课堂组织等未来教育探索有了更为生动的认识。

时代已变，学习一门知识终生受用的时代已经一去不返，唯有终身学习才能建构起动态的人生优势。未来已来，人工智能将会像电力一样成为人类生存环境的普遍资源，学习未来科技及其思维模式，无论从什么时候开始都是有必要的。终身学习与未来人才国际会议大会面向全球发出公开邀请，诚挚邀请各位教育者亲临现场，共同探索终身学习体系和未来人才培养这一个人、家庭乃至国家层面重要课题。

（来源：中国网）

延伸阅读 2

奋力构建高质量职业教育体系
——二论学习贯彻习近平总书记职业教育工作重要指示精神

2021 年 4 月 12 日至 13 日，全国职业教育大会在京召开。习近平总书记对职业教育工作作出重要指示强调，要坚持党的领导，坚持正确办学方向，坚持立德树人，优化职业教育类型定位，深化产教融合、校企合作，深入推进育人方式、办学模式、管理体制、保障机制改革，稳步发展职业本科教育，建设一批高水平职业院校和专业，推动职普融通，增强职业教育适应性，加快构建现代职业教育体系，培养更多高素质技术技能人才、能工巧匠、大国工匠。总书记的指示为我们奋力构建高质量职业教育体系指明了方向。

党的十八大以来，尤其是《国家职业教育改革实施方案》出台以来，职业教育走上了提质培优、增值赋能的快车道，迎来大改革大发展的新阶段，职业教育面貌发生了格局性变化。1.13 万所职业院校、3088 万名在校生，世界最大规模的职业教育体系有力支撑了"中国奇迹"，职业教育在助力脱贫攻坚取得全面胜利，推动中国经济高质量发展中顺势而为、应势而起，居功至伟。

高质量职业教育体系是职业教育新发展阶段的标志，更是实现职业教育现代化的基础性工程。建设高质量职业教育体系，是国民经济高质量发展的需要。实现经济增长方式由粗放型转向集约型，推进产业基础高级化、产业链现代化，改造提升传统产业，发展壮大新兴产业，促进服务业繁荣发展，加快形成现代产业体系，都要求职业教育深化供给侧结构改革，高质量供给技术技能人才。建设高质量职业教育体系，是优化社会文化氛围的需要。"劳心者治人、劳力者治于人"的影响根深蒂固，职业教育"低人一等""二流教育"的观念在一些地方仍然存在。扭转这种观念，营造良好的社会氛围，要求我们必须建设高质量职业教育体系以提高技术技能人才待遇和社会地位，营造尊重技能、崇尚技能的社会环境。

建设高质量的职业教育体系，完善层次是基础。没有完善的职教层次，谈不上体系，更谈不上高质量。只有建立完备的体系层级，才能具备与普通教育对话的身份与资格，建立平等交流、对话的前提条件。在职业教育体系中，要稳步发展本科层次职业教育和专业学位研究生教育。

建设高质量的职业教育体系，横向融通是目的。与其他教育类型相互沟通、顺畅衔接，搭建人才成长的立交桥，是高质量职业教育体系的最终旨归。与普通教育、继续教育实现专业、课程互选，学分、学习经历互认，架起学历教育与非学历教育之间的桥梁纽带，打通学校教育和社会教育之间的围墙壁垒，构建网络化、数字化、个性化、终身化的教育体系，最终实现"人人皆学、处处能学、时时可学"的目标。

建设高质量的职业教育体系，开放办学是手段。高质量的职业教育体系要"面向人人、面向社会"，向所有人开放，要覆盖高中和中职应往届毕业生、退役军人、农民工、下岗职工、在岗职工以及高考落榜考生等人群，将"有教无类"的教育理想变为现实。高质量的职业教育体系要向行业、企业开放。深化产教融合、实施校企合作，将学校围墙内外衔接起来，将生产现场的实践知识和隐性知识引进校园，把不熟悉生产实践的学生送进企业一线摸爬滚打，工学结合。高质量的职业教育体系要向国际社会开放。在将世界上先进的职业教育发展模式、经验和课程教材等"引进来"的同时，还要"走出去"，向国际社会讲好中国职业教育的故事，打造中国职业教育的品牌，提升中国职业教育的影响力。

高质量的职业教育体系，整体上是纵向贯通的、层次完善的、学制完备的。当前，我国职业教育体系打破了专科层次的"天花板"，贯通了中职、专科和本科 3 个学制层次。下一步，要进一步在横向融通、纵向贯通上下力气。坚持打开门来办学，与普通教育、继续教育相融合，与基础教育相对接，使职业教育体系更加开放、更具活力。要进一步在学历层次上逐渐完善，拉长专业供应链，不断延伸人才供应链，以更好适应于现代产业供应链和创新链，在社会经济发展过程中无疑会更有作为，做出更大贡献。

从世界最大规模的职业教育体系向高质量职业教育体系迈进，我们必须坚持以人民为中心发展教育的立场，坚持改革创新，以时不我待、只争朝夕的紧迫感，认真学习贯彻落实习近平总书记关于职业教育的重要指示要求，奋力推进高质量职业教育体系建设，在办好人民满意教育，服务中国经济高质量发展的征途中，续写新的辉煌。

（来源：《中国教育报》）

课堂活动与课后思考十七

1. 试述提高学历文凭的意义。
2. 你毕业后打算采用什么形式继续学习？
3. 从本讲的阅读材料中你得到什么启发？

附录　毕业生就业协议书范本

编号

高等院校毕业生就业协议书

毕业生 ＿＿＿＿＿＿＿＿

用人单位 ＿＿＿＿＿＿＿＿

学校名称 ＿＿＿＿＿＿＿＿

国家教育部高校学生司制表

按《普通高等学校毕业生就业工作暂行规定》的要求,为了维护国家就业计划的严肃性,明确毕业生、用人单位、学校三方在毕业生就业工作中的权利和义务,经协商,毕业生、用人单位双方签订如下协议:

一、毕业生应按国家规定就业,向用人单位如实介绍自己的情况,了解单位的使用意图,表明自己的就业意见,在规定的时间内到用人单位报到,若遇到特殊情况不能按时报到,需征得用人单位同意。

二、用人单位要如实介绍本单位的情况,明确对毕业生的要求及使用意图,做好各项接收工作。凡取得毕业资格的毕业生,用人单位不得以学习成绩为由提出违约;未取得毕业资格的结业生,本协议无效。

三、学校要如实向用人单位介绍毕业生的情况,做好推荐工作。用人单位同意录用后,经学校审核列入建议就业计划,报国家教育部或主管部门批准,学校负责办理派遣手续。

四、学校应在学生毕业前安排体检,不合格者不派遣,本协议自行取消,由学校通知用人单位。如用人单位对毕业生身体条件有特殊要求,原则上应在签订协议前单独进行体检,否则,以学校体检为准。

五、毕业生、用人单位双方如有其他约定,应在备注栏明确,并视为本协议书的一部分。

六、本协议经各方签字、盖章后生效。双方应严格履行本协议,若有一方提出变更协议,须征得另一方同意违约,并由违约方承担违约责任,并在备注栏注明。

七、本协议一式四份,毕业生、学校各执一份,用人单位两份,其中一份由用人单位反馈学校所在省级调配部门一份,复印无效。

	姓　名		性　别		年龄		民　族	
	政治面貌		培养方式				健康状况	
	专　业							
毕业生情况及意见	家庭住址							
	应聘意见： 毕业生签名：　　　　　　　　　　　　　　　　　　　　　　　　　　　年　月　日							
用人单位情况及意见	单位名称				单位隶属			
	联系人			联系电话			邮政编码	
	通信地址				所有制性质			
	单位性质	党政机关　科研设计单位　学校　商贸　厂矿　企业　公司 部队　其他						
	档案转寄详细地址							
	用人单位意见： 签章： 　　　　　　　　　　　　　　年　月　日				用人单位上级主管部门意见： （有用人自主权的单位此栏可略） 签章： 　　　　　　　　　　　　　　年　月　日			
学校意见	学校联系人			联系电话			邮政编码	
	学校通信地址							
	院（系、所）意见： 签章： 　　　　　　　　　　　　　　年　月　日				学校（培养单位）毕业生就业主管部门意见： 签章： 　　　　　　　　　　　　　　年　月　日			
备注									

参考文献

[1] 王培祥. 职业道德[M]. 上海：上海交通大学出版社，2001.

[2] 卜欣欣，陆爱平. 个人职业生涯规划[M]. 北京：中国时代经济出版社，2004.

[3] 罗争玉. 企业的文化管理[M]. 广州：广东经济出版社，2004.

[4] 《求职必胜》专家编写组. 求职必胜——通向职场的桥梁[M]. 北京：北京大学音像出版社，2005.

[5] 中共中央关于全面深化改革若干重大问题的决定[M]. 北京：人民出版社，2013.

[6] 储克森. 职业、就业指导及创业教育[M].4版. 北京：机械工业出版社，2018.